Table des matières

Les jeunes en direct

Modes de vie

Les médias

Problèmes de société

Parcours culturel

La France dans le monde

Vivre l'Europe

Annexe

Réussir sa vie

Selon vous, qu'est-ce qui est le plus important pour réussir sa vie?*

– Avoir un métier que l'on aime
– Être entouré de gens que l'on aime
– Fonder un foyer
– Avoir de l'argent
– Savoir beaucoup de choses
– Avoir du pouvoir
– Être connu
– Ne se prononcent pas

* Plusieurs réponses possibles

Question posée aux 16–18 ans,
Phosphore, septembre 1996

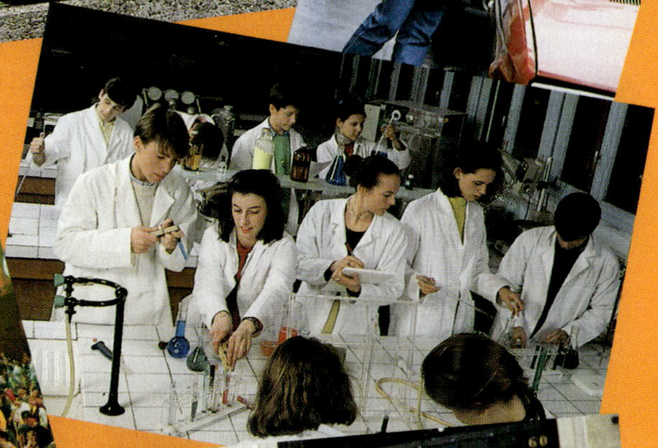

Répondez vous-mêmes à ce questionnaire.
Trouvez-vous les réponses proposées bien choisies?
Avez-vous d'autres propositions?
Voici comment ont répondu les jeunes Français: (1) 81%; (2) 61%; (3) 46%; (4) 44%; (5) 26%; (6) 8%; (7) 7%; (8) 0%.
Comparez avec vos résultats.

Construire l'avenir (1)

Approches

Regardez la rubrique associogrammes p. 80 et les explications.
Faites un associogramme autour du mot «bac». Expliquez-le en utilisant les mots que vous avez notés.

Objectif lecture

À la rentrée, le journal «Libération» a interrogé cinq jeunes lycéens sur leurs projets d'avenir. Le but: présenter la génération des 17–20 ans.

A *Comparer ses attentes au contenu du texte (Lecture sélective, p. 168)*

1. Regardez le titre du texte et son introduction (ci-dessus). De quoi va parler le texte? Faites une liste des thèmes possibles.
2. Lisez le texte et comparez avec vos notes: quels thèmes ont été abordés? Donnez des exemples concrets du texte. Quels thèmes n'ont pas été abordés?
3. Relevez dans le texte une ou deux phrases qui vous semblent intéressantes. Présentez ces phrases à vos camarades et dites pourquoi vous les avez choisies.

B *S'informer sur les opinions et la situation des lycéens (Lecture détaillée, p. 168)*

1. Certains élèves ont des projets d'avenir concrets: Quels sont ces projets? Ces élèves sont-ils réalistes, optimistes ou pessimistes en ce qui concerne leur avenir? Justifiez votre réponse à partir des citations du texte.
2. Quelles sont les opinions des élèves qui ne parlent pas de leurs projets?
3. À quelles phrases du texte pouvez-vous vous identifier? Dites pourquoi.

Une chance sur 1000

Rostom: Moi, j'ai pas de projet. Et je n'ai jamais orienté mes choix d'études en fonction d'un travail. D'ailleurs, si je l'avais fait, j'aurais pas choisi de préparer le bac L. Je me suis toujours déterminé en fonction des matières qui me plaisaient, c'est peut-être une erreur, on fera le bilan plus tard. Mais je sais ce que j'aurai envie de faire après le bac, je dis bien ce que j'aurai envie de faire, et pas ce que je ferai.

Pablo: Moi, je veux être musicien. Je veux rentrer en Deug de musicologie. Je sais que c'est hypersélectif, je sais que j'ai une chance sur 1000 de rentrer à la Sorbonne. Mais à partir du moment où tu as vraiment un projet et que tu veux y arriver, tu donneras le meilleur de toi-même.

Rostom: C'est pas si simple. Tous les gens qui ne réussissent pas dans leurs études, ce n'est pas uniquement parce qu'ils manquent de volonté …

Anne: Ils ont un peu raison tous les deux. Quand on peut se permettre d'avoir une passion, c'est vrai que même si on nous met des bâtons dans les roues, on peut y arriver. Mais c'est vrai aussi que c'est pas toujours évident et qu'il y a des obstacles qu'on ne peut pas franchir.

Olivia: J'ai toujours préféré les matières littéraires aux matières scientifiques. Pourtant, j'ai choisi S, parce que je veux bosser dans l'architecture. J'avais une idée du lycée où tu faisais un peu de tout, et qu'après seulement tu te spécialisais. En fait, j'ai été obligée de choisir, alors que je savais pas trop.

Rostom: Faire des choix d'orientation précis, c'est peut-être un avantage, peut-être un inconvénient …

Emma: Moi j'ai un projet précis, être dessinatrice, mais j'ai pas la moyenne suffisante pour y arriver.

Anne: Je considère que c'est mauvais de faire des études, de choisir sa filière dans le but d'avoir un métier. Pour l'épanouissement personnel, c'est un peu gênant. C'est comme toi, si t'avais pas aimé les maths et que tu étais quand même obligée de faire S pour être architecte …

Olivia: Mais si j'avais toujours galéré en maths, je sais pas si j'aurais eu envie d'être architecte.

Libération, 11 septembre 1996

3 en fonction de: selon, d'après; **6 le bac L:** En France, il y a trois types de bac général: L (= littéraire), ES (= économique et social) et S (scientifique); **6 se déterminer:** *ici* se décider; **15 le Deug:** (Diplôme d'études universitaires générales) le premier diplôme universitaire; **15 la musicologie:** *Musikwissenschaften;* **16 c'est hypersélectif:** c'est très difficile de réussir à l'examen d'entrée; **19 la Sorbonne:** la plus célèbre université de Paris; **27 uniquement:** seulement; **32 mettre des bâtons dans les roues à qn:** *jdm Knüppel in den Weg legen;* **35 évident/e:** *ici* facile; **36 un obstacle:** *Hindernis;* **37 franchir qc:** surmonter qc, *etw. überwinden;* **41 bosser** *fam.:* travailler; **58 la filière:** *Fächerkombination;* **59 l'épanouissement personnel:** *Selbstverwirklichung;* **61 gênant/e:** qui dérange; **66 galérer** *fam.:* avoir des difficultés

Objectif langage

C *Les études: Vous pouvez activer votre vocabulaire.*

1. Trouvez le plus de combinaisons possibles:

franchir préparer réussir orienter préférer faire avoir choisir passer donner se faire penser à	une chance son avenir son bac les obstacles les maths ses choix des études un projet une chance sur 1000 une filière le meilleur de soi-même un métier dans ses études le métier d'architecte un peu de tout une idée de son avenir

Exemple: «avoir son bac, préparer son bac, passer son bac»

2. Comment voyez-vous votre avenir? Avez-vous des projets concrets?
   Écrivez quelques lignes en utilisant le vocabulaire de 1.

D *Vous pouvez réviser les formes et l'emploi du conditionnel passé.*

1. Relevez dans la première et la dernière réplique les phrases qui contiennent un conditionnel passé.
   Comment forme-t-on le conditionnel passé?
   Dans quel type de phrase le conditionnel passé est-il utilisé ici?
2. Avez-vous, dans votre carrière scolaire, fait des choix que vous regrettez maintenant?
   Y a-t-il des choses que vous feriez autrement aujourd'hui? Utilisez le conditionnel passé:
   «Si j'avais eu de meilleures notes …»
   «Si mes parents m'avaient laissé/e …»
   «Si j'avais mieux travaillé …»
   «Si j'avais su …»
   «Avec un autre/meilleur emploi du temps …»

Discussion

«Même si on nous met des bâtons dans les roues, on peut y arriver.» Relisez les lignes 30 à 34 et donnez votre avis sur cette affirmation.

Construire l'avenir (2)

Objectif lecture

A *Lecture globale*

1. Lisez les titres et la première phrase de chaque paragraphe. Formulez à partir de là des hypothèses sur le contenu de chaque paragraphe.
2. Vérifiez vos hypothèses en lisant les paragraphes un à un.

B *Analyser la composition d'un article*

1. Dans quel type de magazine a paru cet article? Justifiez votre réponse en donnant des exemples.
2. La dernière phrase pourrait introduire un nouvel article: Sur quel sujet?

T'as eu combien?

Les notes, les notes, les notes! Elles vous motivent et vous découragent. Elles vous stressent mais vous ne pouvez pas vous en passer.

Que celui qui se moque des notes se lève! Comme le dit Isabelle, en terminale à Courbevoie: «On est obligé d'y accorder beaucoup d'importance car on est d'abord jugé sur nos notes. Ce sont nos notes qui décident de notre passage dans la classe supérieure». Ce n'est pas Laurent, qui redouble cette année sa terminale, qui la contredira: «L'an dernier, j'ai rien foutu. Je n'en avais rien à faire des notes. Je redouble, normal! Mais cette année, je travaille pour les notes, pour avoir mon bac.»

La pluie et le beau temps

Résultat, les notes font la pluie et le beau temps dans votre vie. «Oui, je suis content et soulagé quand je décroche une bonne note», reconnaît Laurent. «Et au contraire, énervé ou abattu quand j'en récolte une mauvaise.»

En classe, la remise des copies prend parfois des allures de séance de torture. Surtout si les profs prennent un malin plaisir à classer les copies de la moins bonne à la meilleure, ou de la meilleure à la moins bonne. «Là, on se sent de plus en plus mal!» raconte Isabelle. «Moi, je préfère ceux qui posent les copies sur le bureau et nous disent de venir les chercher», explique Élodie, en 1re ES* à Montpellier. «Mais on a un prof qui rend les notes à la fin de l'heure, après avoir donné la correction! Là, c'est même pas la peine: pendant une heure, je n'écoute rien!»

Un week-end gâché

Dur aussi, le coup où le professeur promet de remettre les copies corrigées le vendredi et annonce que, finalement, les devoirs ne sont pas tous notés et qu'il faudra encore patienter jusqu'au lundi. «Moi, j'ai passé des journées horribles à cause de ça», reconnaît Séverine, en 2de à Sceaux. «Je ne savais pas si j'avais raté ou réussi et j'étais terriblement inquiète. Ça m'a quelquefois gâché mon week-end!»

Une fois la copie rendue, le terrible suspense retomberait-il? Pas du tout, ce serait certainement trop simple! «Je regarde ma note, et puis j'aime bien connaître celle des autres», avoue Bérengère. «Ma note par rapport aux autres, c'est en fait sa vraie valeur. La vraie notation se fait par rapport aux autres», souligne Margaret, en terminale. D'où les rituelles bousculades de fin de cours («T'as eu combien?» «Et toi?») qui ont le don d'agacer vos chers professeurs: «Ils ne travaillent que pour la note, ils sont toujours prêts à grapiller un demi-point ici, un demi-point là!» se lamentent-ils entre eux.

D'après: Phosphore, février 1995

 * bac économique et social

11 accorder qc: donner qc; **12 être jugé/e:** *beurteilt werden;* **15 contredire qn:** *jdm widersprechen;* **15 (ne) rien foutre** *fam.:* (ne) rien faire; **16 je n'en avais rien à faire:** cela ne m'intéressait pas; **20 soulagé/e:** *erleichtert;* **21 décrocher qc** *fam.:* recevoir qc; **21 reconnaître qc:** *ici etw. zugeben;* **23 abattu/e:** déprimé/e; **23 récolter qc:** *etw. ernten, ici* recevoir qc; **24 la remise:** (*du verbe* remettre) le fait de donner; **24 la copie:** la feuille avec le devoir de l'élève; **24 prendre des allures de qc:** ressembler à qc; **26 malin/-gne:** un peu méchant/e; **38 patienter:** attendre avec patience; **42 gâcher qc:** *etw. verderben;* **43 retomber:** *ici sich lösen;* **46 avouer qc:** *etw. zugeben;* **48 la notation:** l'action de donner des notes; **49 rituel/-le:** *ici* habituel/-le; **49 la bousculade:** *Gedränge;* **51 le don:** *Gabe;* **51 agacer qn:** *jdn ärgern;* **52 grapiller qc:** *ici herausschinden;* **53 se lamenter sur qc:** se plaindre de qc

Objectif langage

C *Vous pouvez élargir votre vocabulaire en utilisant des synonymes.*

1. L'auteur n'utilise qu'une fois le verbe «dire» (l. 10). Relevez tous les autres verbes qu'il utilise à la place de «dire».
2. Placez cinq de ces verbes dans le texte suivant:
   «Je n'ai rien fait cette année [?] Jérôme. Je [?] que j'ai eu une chance que je ne méritais pas.»
   Marie le [?]: «Ce n'est pas vrai. Au troisième trimestre tu as vraiment bossé.
   – C'est injuste, [?] Christophe, j'ai échoué.»
   – Moi aussi, mais je n'ai rien foutu, [?] Catherine.»
3. Exprimez autrement les mots soulignés. Si nécessaire, utilisez un dictionnaire monolingue:
   «on est obligé d'y accorder beaucoup d'importance» (l. 10) – «les profs prennent plaisir à classer les copies» (l. 25) – «des journées horribles» (l. 39) – «j'étais terriblement inquiète» (l. 41) – «ça m'a quelquefois gâché mon week-end» (l. 41).

D *Vous pouvez revoir les formes et l'emploi du pronom démonstratif.*

1. «Que celui qui se moque des notes se lève.» (l. 9);
   «Moi, je préfère ceux qui posent les copies sur le bureau.» (l. 29);
   «J'aime bien connaître celle des autres.» (l. 45).
   Quel est le mot remplacé par chacun des pronoms soulignés?
2. Reformulez les phrases suivantes en utilisant un pronom démonstratif:
   «Il y a toutes sortes de profs: les profs qui rendent le devoir le lendemain et les profs qui mettent un mois. Il y a toutes sortes de copies: les copies qui sont corrigées en cinq minutes et les copies qui demandent trois heures de correction. Il y a aussi toutes sortes de fautes. Les fautes de Cathy sont des fautes d'orthographe. Les fautes de Séverin sont des fautes de raisonnement. Il y a aussi toutes sortes d'élèves: il y a l'élève qui n'a jamais assez de temps et l'élève qui a fini en un quart d'heure.»
3. Continuez. Vous pouvez parler des devoirs, des parents, des écoles, etc.

Discussion

«Ils ne travaillent que pour la note.» Est-ce vrai? Qu'en pensez-vous?

Écriture

1. Résumez le texte (→ Méthodes, p. 105).
2. Formez des groupes de travail. Menez une enquête dans votre lycée ou parmi les élèves que vous connaissez, sur l'importance des notes. Présentez le résultat sous forme d'article. (→ Objectif lecture B et Objectif langage C).

Construire l'avenir (3)

Approches

Décrivez cette caricature. À votre avis, quel en est le message?

langues-o: langues orientales (l'arabe, le perse, etc.)

Objectif lecture

A *Lire ces portraits et témoignages en relevant leurs points communs et leurs différences*

1. Lisez ces portraits puis comparez-les: Quels sont les buts dans la vie de ces trois jeunes?
2. Comparez les inquiétudes de Nadine à celles de Marie.
3. Quel est le rêve de Pedro?

B *Lire ces textes en se demandant s'ils offrent une vision assez complète de la jeunesse*

1. Donnez un titre à chacun des portraits: choisissez pour cela un mot, une expression ou une phrase de chaque texte qui vous semble bien représenter le personnage.
2. Relisez les trois portraits et notez les points qui vous semblent représentatifs de la jeunesse.
3. Croyez-vous que ces textes offrent une vision assez complète de la jeunesse ou non? Dites pourquoi.

TÉMOIGNAGES

À Garges, tous ceux qui ont quitté le lycée avec un BEP ou un bac n'ont rien trouvé, ils galèrent et ils traînent. (…) J'essaie de m'accrocher aux études mais je redouble ma seconde, parce que l'an dernier, je n'ai rien fait. D'un côté, je me dis qu'il faut bouger pour arriver plus haut. De l'autre, j'entre dans le train-train, le laisser-aller de la vie de banlieue, je laisse passer les heures, je deviens flemmarde. Nos profs nous poussent pourtant de plus en plus, ils essaient de nous ouvrir les yeux pour qu'on s'y mette. Ceux de ma classe qui bossent vraiment, ils habitent plutôt les zones pavillonnaires, là où il n'y a pas le bruit des motos et les cris dans les maisons. Si je ne m'accroche pas aux études, et que je n'arrive pas à avoir un BTS, peut-être que moi aussi, ça va m'arriver, je vais galérer.

Le Nouvel Observateur, 23 mars 1994

Travailler chez Darty, ça me branche. Ça bouge, tu vois pas toujours les mêmes. Vendre des produits blancs comme des machines à laver, ou des produits bruns, chaînes hi-fi, télévisions, je suis formé pour ça. Je pourrais gagner de l'argent,

6 000 francs à peu près. Je serais tranquille, casé, avec ma petite vie. Et en plus, un peu de batterie pour m'amuser, quelques lasers de dance music et de techno, les derniers Stallone. Plus tard, ma maison, une voiture. Mes parents disent que je plane un peu.

(...) Si je ne trouve pas de boulot tout de suite, je fais une année de spécialisation. Mais les études, tous les jours se lever, ça devient chiant! On n'est plus motivé à rien. Et puis, du travail, en cherchant bien, on trouve. Il faut bien se dire ça. Je bosse un été sur deux. Je fais des ménages, je tiens la caisse à Auchan. Ça me change. À la fin du mois, j'ai de l'argent. Ça me suffit.

Le Nouvel Observateur, 23 mars 1994

Les adultes te disent de profiter de la vie tant qu'il est encore temps. Moi, je ne suis pas contre cette idée, mais il faudrait qu'on me laisse le temps de le faire. Quand il nous arrive un problème, les parents te disent que tu es grande et qu'il est temps de prendre tes responsabilités. Par contre, quand il est question de sortir le soir, alors comme par enchantement, tu es trop jeune. À croire que les parents n'ont jamais été jeunes! De plus, dans la société, j'ai l'impression que les jeunes ne sont là que pour le décor. Pourtant ce sont eux qui ont le plus d'idées pour changer la vie, pour qu'elle convienne à tout le monde. En fait, je ne vois pas trop de points positifs de la jeunesse. À part le fait que je n'ai pas besoin de travailler pour vivre et de ne pas avoir trop de responsabilités. Un dernier point: je voudrais remercier les parents pour la «supersociété» qu'ils nous ont laissée: chômage, exclusion ... Merci encore.

Le Nouvel Observateur, 2 novembre 1995

2 Le BEP (Brevet d'Études Professionnelles): *Abschlussprüfung am Ende einer zweijährigen Berufsschulausbildung;* **3 galérer** *fam.*: vivre difficilement; **3 traîner:** *herumhängen;* **4 s'accrocher aux études:** travailler sérieusement; **8 le train-train:** la routine; **9 le laisser-aller:** *Nachlässigkeit;* **10 flemmard/e** *fam.*: paresseux/-euse; **11 pousser qn:** *ici* essayer de faire travailler qn; **14 bosser** *fam.*: travailler; **15 la zone pavillonnaire:** un quartier où il y a des pavillons *(Einfamilienhäuser);* **19 le BTS** (Brevet de Technicien Supérieur): *Abschlussprüfung nach einem zweijährigen Universitätsstudium;* **21 Darty:** une chaîne de magasins d'appareils électro-ménagers; **21 brancher qn** *fam.*: intéresser qn; **28 être casé/e** *fig.*: être marié/e; **29 la batterie:** *Schlagzeug;* **33 planer** *fam.*: rêver; **37 chiant/e** *vulg.*: très ennuyeux/-euse; **41 tenir la caisse:** *an der Kasse sitzen;* **41 Auchan:** une chaîne de supermarchés; **41 ça me change:** *das ist mal was anderes;* **52 comme par enchantement:** comme par magie, brusquement; **53 à croire que:** on pourrait croire que; **59 convenir à qn:** plaire à qn; **66 l'exclusion** *f.*: *ici soziale Ausgrenzung*

Objectif langage

C *Vous pouvez revoir l'expression du but.*

1. «D'un côté, je me dis qu'il faut bouger pour arriver plus haut.» (l. 6–7)
   «... ils essaient de nous ouvrir les yeux pour qu'on s'y mette.» (l. 12–13)
   «Pourtant ce sont eux qui ont le plus d'idées pour changer la vie, pour qu'elle convienne à tout le monde.» (l. 57–59)
   Quand utilise-t-on «pour + *infinitif*» et «pour que + *subjonctif*»?
2. Exprimez vos buts personnels: choisissez l'une des deux propositions suivantes et formulez quatre objectifs.
   Je veux faire des études pour ... / pour que ...
   Je voudrais entrer dans la vie professionnelle pour ... / pour que ...

D *Vous pouvez travailler le vocabulaire du français familier.*

Relisez les textes puis relevez tous les mots ou expressions en français familier. Faites une fiche pour chacun de ces mots dans laquelle vous noterez l'équivalent en allemand familier et l'équivalent en français standard.

Avez-vous remarqué d'autres mots ou expressions de ce genre dans d'autres textes du dossier? Lesquels? Commencez une fiche sur le français familier que vous compléterez au cours de ce dossier.

Écriture

Écrivez un texte dans lequel vous exposez votre vision du sujet.

Copains, amis, parents (1)

Lisez d'abord la B.D., puis racontez en deux ou trois phrases l'histoire présentée.

Tito: Les yeux de Leïla, p.11, Casterman 1995

la nana *fam.*: la fille, la femme; **le mec** *fam.*: le garçon, l'homme; **se tirer** *fam.*: partir; **s'engueuler** *fam.*: se disputer

A *Donnez votre première impression. Vous pouvez utiliser:*

L'histoire La scène	me paraît me semble	intéressante. banale. réaliste ...

La planche[1] (ne) me plaît (pas) à cause	des dessins. des couleurs. de son style ...

1 la planche: ici: les illustrations (une page de la B.D)

Les dessins	sont me rappellent	(peu) réalistes. (trop) précis. détaillés. ceux de ____ .

Les couleurs sont	agréables. gaies. violentes. vives. claires. criardes.

criard/e: trop vif/vive

Objectif compréhension

B *Mettre en relation texte et image*

1. Quelles informations est-ce que les dessins donnent sur:
   - les lieux où se passe la scène;
   - le milieu social;
   - le moment de l'année et le temps qu'il fait;
   - l'âge, les sentiments, les intérêts des personnages?
2. Regardez les vignettes qui présentent les copains du garçon: Quelles informations est-ce que les dessins et les bulles donnent sur
   - les relations des copains entre eux;
   - les relations des copains avec le garçon?

C *Étudier la composition d'une B.D.*

1. Décrivez en détail la première vignette: les lieux, le temps qu'il fait, le personnage (son apparence, son attitude ...).
2. Lorsqu'il dessine, le dessinateur utilise différents plans, semblables à ceux d'un film. Reportez-vous aux pages 26–27 et définissez les différents plans de chaque vignette. Quel(s) effet(s) ces changements de plan produisent-ils sur le lecteur?

Projet

Imaginez la suite de la B.D. Esquissez, décrivez ou dessinez-la. Pour cela, reportez-vous aux pages 26–27.

Pour aller plus loin

Tito: Dessinateur-scénariste. Né à Valdeverdeja (Tolède), en Espagne, le 4 mai 1957. Il est installé en France depuis de nombreuses années. En 1974, il étudie les arts graphiques au lycée de Sèvres. Il publie ses premières histoires dans «Cyclone», le fanzine réalisé par les élèves de cette école. Il travaille dans la publicité, puis se lance professionnellement dans la bande dessinée en 1980. Ses recueils sont: «Jaunes» (1980), «Soledad» (1983), «Tendre banlieue», série de plusieurs albums destinés à un public adolescent. Dessinateur réaliste, il utilise la photographie. Ses histoires sont simples, humaines.

3 le fanzine: un magazine écrit par des fans; **4 le recueil:** *ici* un album; **5 être destiné/e à qn:** être fait/e pour qn

Copains, amis, parents (2)

Approches

«Dans un grenier qu'on est bien à vingt ans!» (Pierre-Jean de Béranger, 1780–1857)

Quelles idées vous inspire cette photo? Faites une liste.

Objectif lecture

A *Découvrir les techniques utilisées pour caractériser les personnages*

1. Expliquez en deux ou trois phrases qui sont les personnages et où ils se retrouvent.
2. Le regard que la narratrice porte sur les personnages est-il objectif? amical? désapprobateur? Justifiez votre réponse à l'aide d'exemples du texte.
3. Comment les personnages sont-ils caractérisés? S'agit-il de portraits physiques? moraux? sociaux?
4. Qu'apprenez-vous sur la narratrice? Faites son portrait moral.

B *Faire une analyse de texte*

1. Découpez le texte en plusieurs parties et donnez un titre à chacune d'elles.
2. Choisissez les mots qui caractérisent le mieux les personnages de ce texte: la poésie / la révolte / la joie de vivre / l'indifférence / l'originalité / la liberté / le romantisme / la chaleur humaine / l'amitié / l'amour / la jeunesse / le goût du danger / la gentillesse / la tolérance.
Justifiez votre choix à l'aide d'exemples du texte.
3. Quels rapports voyez-vous entre la citation de Béranger (→ Approches) et le texte?
4. Ces jeunes vivent dans les années 70. Leurs plaisirs, leur manière de vivre vous semblent-ils toujours actuels? Comparez-les aux jeunes d'aujourd'hui.

Le Grenier

La narratrice, 16 ou 17 ans, vit à Soulac, à l'embouchure de la Gironde.

Et c'est l'été, de nouveau. Mais celui-ci ne ressemble à aucun autre. Je travaille le matin, et l'après-midi, je suis au Grenier.

Le Grenier est un squatt près de la plage, sans eau, dans un hangar désaffecté. C'est le royaume de Gaël, de Pink Floyd et de quelques autres, qui se sont installés à l'étage, dans une grande pièce au sol en plancher, sous les toits, où l'on accède par une échelle. (...)

Il y a toujours du monde au Grenier. Et d'abord Gaël, qui y habite. Gaël est un long jeune homme au teint blanc et au regard transparent, au beau visage dissimulé par des cheveux blonds. Gaël ne dit jamais rien, ne sort jamais. Assis dans le même coin du Grenier, il est invariablement penché sur sa guitare électrique à deux manches, qu'il a fabriquée lui-même avec du bois et une vieille radio, et dont il joue en sourdine. Gaël semble transporter avec lui toutes les brumes d'une Bretagne mythique, on dirait un peu un druide, ou un enchanteur.

Il y a aussi Pink Floyd. Vêtu de noir, très beau, de type espagnol. Pink Floyd est amoureux d'une morte, ça s'est passé à Bordeaux, juste un peu avant qu'il arrive à Soulac. Ils s'aimaient, ils avaient rendez-vous pour se retrouver après quelques jours de séparation. Quand ils sont arrivés chacun d'un côté de la rue, ils se sont aperçus, le cœur battant. D'un élan, elle a traversé, impatiente. Un camion l'a fauchée, et elle est morte, sous ses yeux. (...)

Et puis il y a les motards, toute une bande venue de la banlieue parisienne, qui dorment sous des tentes et passent des heures au Grenier. Ils sont impressionnants avec leurs grosses motos et leurs crans d'arrêt, mais tendres et extrêmement gentils, même si quelques-uns ont déjà fait de la prison.

Jean-Claude et moi, nous allons tous les après-midi à la plage et au Grenier, même si nous n'y sommes pas ensemble. Il a ses amours, moi les miennes. Je sors avec Éric, un petit brun aux yeux très bleus, qui est arrivé avec les motards. Éric porte toujours un chapeau melon, et une canne. Il me promène sur son dos dans la rue de la Plage, on s'amuse bien. Ensuite, Madame Dieu à qui rien n'échappe, jase auprès de ma mère parce que mon jean est troué aux fesses, et on dirait bien que je ne porte pas de culotte dessous.

En général, j'aime bien les adultes, pris un par un ils sont plutôt attendrissants, mais tous ensemble, ils me font vomir. Si mon allure ne leur plaît pas, j'en suis bien contente. Il ne faudrait pas qu'ils s'imaginent que je suis du même monde qu'eux. (...)

Éric me dit qu'il m'aime et me demande de lui en dire autant. Je ne le crois pas un instant, et je n'ai pas envie de sortir à mon tour les grands mots, même si je me sens amoureuse. Il me semble qu'il faut tout de même autre chose, pour dire, je t'aime. Je ne sais pas pourquoi, ça l'ennuie que je ne le croie pas. Il en parle à ma copine Nadia, un vrai ange aux grands yeux et à la bouche douce, qui sort avec Pollux. Nadia vient me voir, et me dit que je dois le croire. D'après elle, c'est tout simple et c'est ainsi, quand on sort ensemble, on s'aime.

Comme il n'y a pas d'eau au Grenier, un jour on a fait cuire des nouilles dans du vin.

Au rez-de-chaussée, il fait tout noir, le sol en terre battue est instable sous les pieds. Il suffit de monter à l'échelle pour trouver la lumière, la chaleur et l'amitié.

Par petits groupes on va et vient dans la rue de la Plage, en fumant, riant, délirant. Les autres, les vacanciers ne sont rien qu'une partie du décor. On n'a rien à voir avec eux, et heureusement, parce qu'on les hait.

Philippe, un beau blond baraqué, m'emmène faire des tours sur son trial. J'enfourche la moto pieds nus, les cheveux aux vents, et je m'accroche à sa taille, tandis qu'il me fait goûter aux joies de la vitesse, puis fait cabrer son engin, roue dressée vers le ciel.

Alina Reyes, Le chien qui voulait me manger, Gallimard 1996

le grenier: le plus haut étage d'une maison, sous le toit; **6 un squatt:** un bâtiment occupé pour lequel on ne paie pas de loyer; **7 le hangar:** *Schuppen;* **7 désaffecté/e:** *ici* dont on ne se sert plus; **10 le plancher:** *Diele;* **10 accéder à qc** (lieu): pénétrer, arriver; **11 une échelle:** *Leiter;* **14 dissimulé/e:** caché/e; **17 invariablement:** toujours; **18 le manche (d'une guitare):** *Hals;* **20 en sourdine:** sans bruit; **21 la brume:** *Dunst;* **22 un enchanteur:** *Zauberer;* **29 d'un élan:** *mit einem Schwung;* **31 faucher qn:** *ici jdn überfahren;* **32 le motard:** un motocycliste; **35 le cran d'arrêt:** *Springmesser;* **37 faire de la prison:** être en prison; **38 Jean-Claude:** le frère de la narratrice; **41 sortir avec qn:** *mit jdm gehen;* **43 la canne:** *Spazierstock;* **45 Madame Dieu:** une personne de Soulac; **45 à qui rien n'échappe:** qui remarque tout; **45 jaser:** *ici* faire des remarques désagréables sur qn; **47 les fesses** *f.: Hintern;* **50 attendrissant/e:** *rührend;* **50 ils me font vomir** *fig.:* ils me dégoûtent; **54 en dire autant:** dire la même chose; **60 un ange:** *Engel;* **60 les nouilles** *f.:* les pâtes comme les spaghettis; **67 en terre battue:** simplement en terre; **72 délirer** *fam.: ici* s'amuser; **75 haïr qn:** détester qn; **76 baraqué/e** *fam.:* grand/e et fort/e; **77 le trial:** Motocross; **77 enfourcher qc:** monter sur qc; **79 tandis que:** alors que; **80 cabrer:** *ici* rouler avec la roue de devant en l'air; **80 un engin:** *ici* une moto

Objectif langage

C *Le portrait physique: vous pouvez réviser le vocabulaire de la description.*

1. Relevez les éléments descriptifs des portraits physiques et soulignez les prépositions qui ne correspondent pas à l'allemand.
   Exemple: «un vrai ange <u>aux</u> grands yeux»: *mit großen Augen*
2. Imaginez le portrait physique de la narratrice.

D *Le langage des sentiments: vous pouvez enrichir votre vocabulaire.*

1. Relevez les mots qu'utilise la narratrice pour parler des motards, des adultes et pour dire ce qu'elle éprouve pour Éric.
2. Il y a cent manières de le dire:
   Je peux dire: «Je t'aime.», mais aussi: «Tu es beau/belle. / Je suis bien avec toi. / Il n'y a qu'avec toi que je me sens aussi heureux/-euse. / Je t'attends le cœur battant.», etc.
   Trouvez différentes manières de dire: «Je les hais.»

Discussion

Relisez le passage: «Éric me dit qu'il m'aime ... on s'aime.» (l. 54 à 64). Expliquez le problème évoqué et le rôle de Nadia. Partagez-vous son avis? Pourquoi (pas)?

Copains, amis, parents (3)

Approches

1. Écoutez le texte «Ça me lasse». Qui parle?
2. De quel sujet le texte parle-t-il?
3. Le ton du texte vous semble-t-il plutôt optimiste ou pessimiste? Justifiez votre réponse.

Objectif lecture

A/B *Comprendre et analyser un témoignage*

1. Qu'est-ce qui caractérise les expériences amoureuses de Mathieu?
2. Comment explique-t-il ses échecs?
3. Expliquez le rôle des autres dans les relations amoureuses de Mathieu.
4. «Il y a trop de légèreté dans les choses de l'amour.» Expliquez cette opinion de Mathieu.

Ça me lasse

J'aimerais bien me dire que l'amour, ça dure. Mais ni ce que je vis ni ce que je vois ne m'aident à y croire. Avec les filles, j'ai toujours voulu plus que ce qu'elles me donnaient, y compris sur la durée. Toutes celles avec lesquelles je suis sorti, pensaient plus au présent qu'au futur. Il paraît que d'habitude, c'est l'inverse. Je n'ai pas eu de chance, alors ... Moi, quand la fille est loin de moi, j'oublie toujours comme c'est bien quand elle est avec moi. Et puis, même si au début je me dis souvent qu'on s'aime pour longtemps, peut-être pour toujours, l'histoire se chiffonne vite.

Par ma faute aussi. Quand une fille me plaît, dès qu'on se connaît un peu mieux, c'est bizarre, ça passe. À chaque fois, j'ai été déçu, lassé: ce que j'aimais en elle ne me plaisait plus. Quand je suis amoureux, je remets vite les pieds sur terre. C'est pareil en amitié. Il y a l'influence des gens autour qui compte beaucoup. Peu à peu, tu découvres le regard que les autres portent sur la personne de ton choix, et ça t'enlève tes illusions. Peut-être que si je vivais dans une bulle avec une fille, ça durerait. Finalement, c'est un peu comme avec les parents. Quand on est petit, on n'imagine pas une minute de vie sans eux, on se dit presque qu'ils sont des dieux, et puis on découvre la vie, et on s'aperçoit qu'ils n'ont rien de si extraordinaire. Et surtout, qu'on peut les quitter très facilement. Cela dit, quand je vois tous les couples qui se défont autour de moi, je suis toujours surpris. Les gens se mettent ensemble et se séparent pour un oui ou un non. Il y a trop de légèreté dans les choses de l'amour. Ce n'est pas au bout de deux jours qu'il faut se dire que c'est pour la vie. Je crois que l'amour, ça se construit. Et puis aussi, qu'il faut vachement se respecter et un peu admirer l'autre, si on veut avoir une chance que cela tienne. Autour de moi, les mecs (et même un peu les filles ...) jouent la comédie du grand amour: ils sortent ensemble, se croient obligés de dire qu'ils s'aiment, et la semaine d'après tombent amoureux d'une autre fille! C'est nul ...

Mathieu, 17 ans
Phosphore, septembre 1996

lasser qn: fatiguer, ennuyer qn; **5 y compris:** *ici* également; **9 l'inverse** *m.:* le contraire; **16 chiffonner qc:** *etw. zerknittern;* **16 l'histoire se chiffonne:** elle devient moins belle; **29 la bulle:** *Luft-, Seifen-, Sprechblase;* **34 un dieu:** *ein Gott;* **39 se défaire:** *ici* se séparer; **47 vachement** *fam.:* beaucoup; **50 le mec** *fam.:* le garçon, l'homme

Objectif langage

C *Vous pouvez réviser la phrase conditionnelle.*

1. «Si je vivais dans une bulle avec une fille, ça durerait.» De quel type de phrase s'agit-il? Quel est le temps employé dans la proposition principale? Et dans la proposition subordonnée?
2. Terminez les phrases suivantes:
   «Si les jeunes réfléchissaient avant de sortir avec quelqu'un ...»
   «S'ils ne jouaient pas la comédie ...»
   «Si elle me comprenait ...»
   «Si tu étais plus réaliste ...»
3. Trouvez un début aux phrases suivantes:
   «... ils ne se croiraient pas obligés de dire qu'ils s'aiment.»
   «... tu n'écouterais pas l'avis de tes copains.»
   «... je me lasserais moins vite.»
   «... nous serions plus heureux.»
4. Donnez quelques conditions nécessaires à «l'amour parfait». Utilisez le conditionnel présent. Exemple: «Chacun devrait être moins égoïste.»

D *Vous pouvez revoir la traduction du pronom relatif allemand was en français.*

1. Retrouvez dans le texte la traduction de ces phrases:
   Weder was ich erlebe noch was ich sehe, helfen mir ...
   Was ich liebte an ihr, gefiel mir dann nicht mehr.
2. Donnez en allemand quatre exemples de *was* sujet et de *was* objet, puis traduisez-les en français.
   Exemples: *Was mir gefiel, gefiel ihr nicht.* → Ce qui me plaisait ne lui plaisait pas. (sujet)
   Ich verstand nicht, was sie wollte. → Je ne comprenais pas ce qu'elle voulait. (objet)

Discussion

1. Relisez le passage: «Peut-être que si je vivais ... très facilement.» (l. 28 à 38). Mathieu fait une comparaison entre ses relations amoureuses et ses parents. Est-ce que cela vous surprend? Dites pourquoi.
2. Pensez-vous que l'expérience et les observations de Mathieu ont une valeur générale ou que ce jeune homme est particulièrement pessimiste? Expliquez votre point de vue.
3. «... si l'on veut avoir une chance que cela tienne.» (l. 48), qu'est-ce qu'il faut faire à votre avis?

Copains, amis, parents (4)

Approches

1. Décrivez ce tableau, ses couleurs, son atmosphère.
2. Imaginez une histoire autour de ce qui est représenté.
3. Faites des recherches sur le peintre.

Marc Chagall,
Les amoureux de Vence

Objectif lecture

A *Déchiffrer un poème*

Choisissez un des poèmes.

1. Relevez dans ce poème les parties de phrases qui se répètent et celles qui changent.
2. Conte de fée: Dans quelle mesure peut-on remplacer «homme» et «femme» par «garçon» et «fille» ou «copain» et «copine»? Qu'est-ce qu'il faudrait changer?
   Lumière: Quels aspects de l'amour est-ce que les différentes strophes abordent?
3. Le titre convient-il au poème? Justifiez votre réponse.

B *Comparer les deux poèmes*

1. Comparez les deux poèmes, au niveau
   – du message;
   – des images;
   – de la construction des phrases;
   – du choix des mots.
2. Ces poèmes présentent-ils une vision plutôt optimiste ou pessimiste de l'amour?
3. Lequel des deux poèmes préférez-vous? Dites pourquoi.

Conte de fée

Il était un grand nombre de fois
Un homme qui aimait une
femme
Il était un grand nombre de fois
Une femme qui aimait un
homme
Il était un grand nombre de fois
Une femme et un homme
Qui n'aimaient pas celui et celle
qui les aimaient

Il était une fois
Une seule fois peut-être
Une femme et un homme
qui s'aimaient

Robert Desnos

Lumière

Ce n'est pas vrai
Que tout amour décline,

Ce n'est pas vrai
Qu'il nous donne au malheur.

Ce n'est pas vrai
Qu'il nous mène au regret,

Quand nous voyons à deux
La rue vers l'avenir.

Ce n'est pas vrai
Que tout amour dérive,

Quand les forces qui montent
Ont besoin de nos forces.

Ce n'est pas vrai
Que tout amour pourrit,

Quand nous mettons à deux
Notre force à l'attaque.

Ce n'est pas vrai
Que tout amour s'effrite,

Quand le plus grand combat
va donner la victoire.

Ce n'est pas vrai du tout
ce qu'on dit de l'amour,

Quand la même colère
A pris les deux qui s'aiment,

Quand ils font de leurs jours
Avec les jours de tous
Un amour et sa joie.

Eugène Guillevic, Gagner, Gallimard 1949

16 décliner: baisser, devenir plus faible; **24 dériver (pour un bateau):** quitter sa route, se laisser flotter au hasard; **28 pourrir:** *faulen;* **32 s'effriter:** *ici* devenir de moins en moins fort

Objectif langage

C *Vous pouvez enrichir votre vocabulaire en constituant des familles de mots.*

1. Voici des mots qui appartiennent à la même famille:
   l'homme – humain/e – l'humanité – humanitaire
   Vous pouvez expliquer chacun de ces mots en utilisant un mot de la même famille.
   Exemple: «L'humanité: c'est l'ensemble des hommes.»
2. Retrouvez des mots qui appartiennent à la même famille que:
   la femme – aimer – le regret – la joie
   Expliquez ces mots.

D *Vous pouvez réviser l'utilisation de la proposition relative.*

«Il était une fois ...» Imaginez une suite de situations qui pourraient servir de point de départ pour un autre poème. Utilisez des relatives avec «qui», «que», «où» et «dont».
Exemple: «Il était une fois un enfant que personne n'aimait ...»

Créativité

«Ce n'est pas vrai que ... ». Faites une liste de toutes les affirmations que vous voulez nier, puis composez ensemble un poème sur le modèle de «Lumière».
Exemple: «Ce n'est pas vrai que tous les hommes sont heureux.»

Copains, amis, parents (5)

Approches

Écoutez ce dialogue:
1. Combien de personnages parlent?
2. Quelle est la relation entre eux?
3. Le ton du dialogue est-il: agressif? sarcastique? amical?

Objectif lecture

Une scène de la pièce de théâtre «Retour au désert» de Bernard-Marie Koltès. L'action se déroule dans une petite ville française, à l'époque de la guerre d'Algérie (c.à.d. à la fin des années 50). Adrien est propriétaire d'une usine.

A *Comprendre un dialogue de théâtre*

1. Quel est le conflit qui oppose les personnages?
2. Relevez les points de vue des deux protagonistes.
3. À quels moments est-ce que le dialogue de théâtre ne correspond pas à une discussion réaliste entre père et fils? Donnez des exemples.

B *Préparer une mise en scène du dialogue*

1. Quel est le conflit qui oppose les personnages?
2. Les personnages sont-ils réalistes ou caricaturaux? Justifiez votre réponse.
3. Quels acteurs choisiriez-vous? Faites leur portrait physique (âge, apparence, vêtements ...).
4. Relisez le dialogue et notez vos indications de mise en scène.
   Exemple: «Début: On voit Mathieu avec sa tête de comploteur. Il regarde autour de lui et avance lentement ...»

Mathieu s'engage

Dans le jardin. Adrien surgissant devant Mathieu.

ADRIEN: Où vas-tu? Il est tôt, tu n'as pas pris de petit déjeuner. Où vas-tu, avec une pareille tête de comploteur?

MATHIEU: Je sors.

ADRIEN: Tu sors, Mathieu, mon fils? Tu sors d'où? Et vers où sors-tu?

MATHIEU: Je sors de la maison, je sors du jardin, je sors complètement.

ADRIEN: Et pourquoi diable veux-tu sortir? Te manque-t-il quelque chose? Aziz ira le chercher pour toi.

MATHIEU: Il me manque de sortir, et cela, Aziz ne peut pas le faire à ma place.

ADRIEN: Aziz peut tout faire à ta place, sauf être mon fils, et je voudrais savoir pourquoi mon fils a un tel air de comploteur si tôt le matin.

MATHIEU: N'est-il pas normal qu'à mon âge je puisse sortir de cette maison sans qu'il s'agisse là d'un complot?

ADRIEN: Non, cela n'est pas normal. Veux-tu aller à l'usine? Je t'amènerai tout à l'heure. Veux-tu aller à l'église? Si tu es devenu bigot, on t'y conduira après le petit déjeuner. Sinon où pourrais-tu aller? D'où te vient cette drôle d'idée?

MATHIEU: Je veux aller en ville.

ADRIEN: Mais tu es en ville, Mathieu, mon fils. Notre maison est en plein centre de la ville, tu ne peux pas être davantage en ville que dans notre maison.

MATHIEU: Je veux prendre l'air.

ADRIEN: Eh bien, allonge-toi dans le jardin, sous les arbres, et je te ferai porter ton café. Il n'y a pas plus d'air dans toute la ville que dans ce jardin.

MATHIEU: Je veux m'en aller. (...) Je veux faire mon service militaire, partir en Algérie et faire la guerre.

ADRIEN: Qui t'a dit que la guerre existait? Tu n'es jamais sorti d'ici.

MATHIEU: Je ne suis jamais sorti d'ici, non. Édouard se moque de moi parce que je ne connais pas le monde.

ADRIEN: Le monde est ici, mon fils, tu le connais parfaitement bien, tu t'y promènes tous les jours et il n'y a rien d'autre à connaître. Regarde mes pieds,

Mathieu: Voilà le centre du monde; au delà, c'est le bord du monde; si tu vas trop au bord, tu tombes. (...)

MATHIEU: Je veux faire mon service militaire.

ADRIEN: On ne te prendra pas: tu as les pieds plats.

MATHIEU: Je n'ai pas les pieds plats.

ADRIEN: Qui t'a dit que tu ne les avais pas? J'ai les pieds plats, tu les as donc aussi. Ce sont des choses qu'un père sait mieux que son fils.

MATHIEU: Même avec les pieds plats, je veux être militaire, être parachuté au-dessus de l'Algérie et faire la guerre à l'ennemi. Je veux être parachutiste, papa, je veux avoir le cheveu très court, l'uniforme de camouflage, le couteau attaché à la jambe, l'arme à la ceinture; je veux flotter en l'air, planer au-dessus du sol, chanter entre le ciel et la terre.

ADRIEN: Je vais renvoyer Aziz et corriger Édouard.

MATHIEU: Je veux être admiré par les enfants, je veux que les garçons me regardent avec envie, je veux que les femmes me draguent, je veux que l'ennemi ait peur de moi. Je veux être un héros, risquer ma vie, échapper aux attentats, être blessé, souffrir sans me plaindre, saigner.

Bernard-Marie Koltès, Retour au désert, Éditions de Minuit 1988

1 surgir: apparaître brusquement; **10 diable** *interj.: ici verdammt;* **28 davantage:** plus; **29 prendre l'air:** *an die frische Luft gehen;* **30 s'allonger:** se coucher; **34 le service militaire:** *Wehrdienst;* **47 le pied plat:** *Plattfuß;* **53 parachuter qn:** *jdn mit dem Fallschirm absetzen;* **54 le parachutiste:** *Fallschirmspringer;* **55 l'uniforme de camouflage:** *Tarnanzug;* **59 corriger qn:** *ici* battre qn; **62 draguer qn** *fam.: jdn anbaggern;* **64 échapper à qc:** ne pas être atteint/e par qc; **64 être blessé/e:** *verletzt sein;* **65 souffrir:** avoir mal; **65 saigner:** *bluten*

Objectif langage

C *Vous pouvez revoir différentes possibilités d'exprimer sa volonté.*

1. «Je veux avoir le cheveu très court.» (l. 54); «Je veux que l'ennemi ait peur de moi.» (l. 61). Retrouvez dans le texte d'autres phrases avec:

   je veux + *infinitif*
   je veux que + *autre sujet* + *subjonctif*

2. Trouvez d'autres expressions qui permettent d'exprimer la volonté, le désir, l'interdiction.
3. Qu'est-ce que Mathieu voudrait encore faire? Qu'est-ce qu'Adrien ne veut pas que son fils fasse? Imaginez quatre exemples pour Mathieu et pour Adrien en utilisant les expressions de 2.

D *Vous pouvez travailler sur les différents sens d'un mot.*

1. Relevez dans le dialogue toutes les phrases qui contiennent le mot «air» et traduisez-les.
2. Cherchez les différents sens de ce mot dans un dictionnaire. Classez les phrases du texte selon le sens du mot «air».
3. Illustrez vous-mêmes, à l'aide d'au moins un exemple, chacun des différents sens du mot «air».

Jeu de rôle

Transformez le dialogue entre Mathieu et Adrien en dialogue réaliste et jouez-le.

Pour aller plus loin

Est-ce que vous comptez beaucoup sur vos parents pour ...

... vous alerter sur les dangers qui vous guettent

– Beaucoup, assez	74 %
– Peu, pas du tout	26 %

... vous aider financièrement plus tard

– Beaucoup, assez	69 %
– Peu, pas du tout	27 %

... vous aider à choisir votre orientation

– Beaucoup, assez	63 %
– Peu, pas du tout	36 %

... consoler vos peines de cœur

– Beaucoup, assez	30 %
– Peu, pas du tout	68 %

... vous conseiller sur le choix de vos amis

– Beaucoup, assez	24 %
– Peu, pas du tout	74 %

Phosphore, septembre 1996

Dans quels domaines accepte-t-on l'aide des parents?
Dans lesquels la refuse-t-on? À votre avis pourquoi?

alerter qn sur qc: prévenir qn de qc; **guetter qn:** attendre qn pour le surprendre; **la peine:** le chagrin *Schmerz*

Vocabulaire thématique

La motivation

vouloir faire / s'intéresser à / être motivé/e pour / être **passionné/e** par | qc	*begeistert*
avoir/faire | des projets	
changer / profiter de | sa vie	
penser à son **épanouissement**	*Selbstverwirklichung*
arriver / parvenir / réussir | à faire qc	
sortir de son apathie	*seine Apathie ablegen*

Les études

faire des études	
réussir (dans) ses études	
réussir/échouer | à un examen	
obtenir/**décrocher** | **une bonne note**	*eine gute Note ergattern*
choisir une **filière**	*eine Fächerkombination / ein Studiengang*
se spécialiser dans une matière	
faire un **stage**	*Praktikum*
il faut | **tenir le coup**	*durchhalten*
il faut | **s'appliquer**	*sich anstrengen*
il faut | travailler dur	

L'amour et l'amitié

sortir avec | qn	*mit jdm gehen*
draguer | qn	*jdn anbaggern*
s'amuser avec les copains / **s'éclater**	*Spaß haben*
respecter | qn	
admirer | qn	
consoler | qn	*trösten*
conseiller | qn	*beraten*
donner des conseils à | qn	*Ratschläge erteilen*
être | **déçu/e** / amoureux/-euse | de qn	*enttäuscht*
avoir confiance en | qn	*in jdn Vertrauen haben*
faire confiance à | qn	*jdm vertrauen*
se séparer de | qn	
quitter | qn	
vouloir une **relation** qui dure	*eine Beziehung*

Comprendre un texte oral

Recommandations générales

La compréhension orale vous pose des problèmes? Peut-être avez-vous peur de ne pas comprendre certains passages ou certains mots. Mais est-il vraiment nécessaire de tout comprendre quand on écoute un texte? Quand vous écoutez une émission à la radio ou une chanson en allemand, est-ce que vous comprenez toujours tout? Bien sûr que non. Parce que ce n'est pas nécessaire. Ce que nous comprenons, ce sont avant tout des mots-clés qui attirent notre attention et qui sont en rapport avec l'information que nous recherchons. Très souvent, nous pouvons deviner le contenu d'un passage grâce au contexte ou à quelques mots-clés, par exemple. Voici quelques conseils pour mieux comprendre.

1. Avant l'écoute

Préparez-vous à l'écoute en vous posant les questions suivantes:
– Quel type de texte (chanson, information, sketch ...) allez-vous écouter?
– Que savez-vous sur ce type de texte: sa structure, le langage typique, etc.?
– Avez-vous besoin d'une information précise: le résultat d'un match, le nom d'un produit, l'âge d'une personne, etc.?
– Que savez-vous déjà sur le sujet du texte? Notez les idées et le vocabulaire qui vous viennent à l'esprit.

2. Pendant l'écoute

– Concentrez-vous seulement sur ce que vous voulez savoir: essayez de retrouver les mots-clés.
– Prenez une feuille et notez pendant l'écoute tout ce qui vous semble important.
– Faites aussi attention aux informations non-verbales: les bruits, les sons, les voix, le ton (agressif? joyeux? triste?) des personnes qui parlent, la musique (mélancolique? agressive? gaie?).
– Essayez de deviner ce que vous ne comprenez pas.
– Écoutez le texte à plusieurs. Différentes personnes comprennent différentes choses. En travaillant ensemble, vous réunirez plus d'informations.

Application

«Une question de tempérament», p. 70

1. Avant l'écoute

– Regardez p. 69 et retrouvez les noms des différents journaux.
– Étudiez la rubrique «presse» dans le vocabulaire thématique, p. 75.

2. Pendant l'écoute

Écoutez l'interview une première fois pour retrouver les informations suivantes:
– le sujet de l'interview;
– le nom des journaux allemands et français cités;
– la différence entre les journaux nationaux et les journaux régionaux.
Écoutez l'interview une deuxième fois, reportez la grille suivante sur une feuille et remplissez-la.

Pays où il y a le plus de journaux de qualité	
Tirage du journal «Libération»	
Pays où les tirages des journaux sont les plus importants	
Le principal sujet de la presse allemande, d'après P. Hugues	

Qui sont-ils?

Comment imaginez-vous la vie de ces personnes?

Modes de vie

Retour au naturel (1)

Approches

Cuisinier parisien cherche à reprendre petit restaurant dans un village de la Drôme.

Famille cherche vieille ferme à restaurer dans les Pyrénées.

Réceptionniste lyonnais cherche emploi dans un hôtel de campagne.

Quel est le point commun de ces annonces? Imaginez les mobiles de leurs auteurs.

reprendre qc: *ici etw. übernehmen;* **le/la réceptionniste:** une personne qui accueille les clients dans un hôtel;
le mobile: le motif, la raison

Objectif lecture

A *Faire des hypothèses sur le texte et les comparer au contenu*

1. «Ils ont choisi la campagne»: Reportez-vous aux «Approches», puis nommez a) les raisons pour lesquelles on peut vouloir quitter la ville et son emploi en ville et b) les difficultés qu'on peut rencontrer lorsqu'on s'installe à la campagne.
2. Lisez le texte et donnez les raisons pour lesquelles Antoine Binet et les autres ont voulu changer de vie.
3. Qui vous semble avoir réussi le mieux? Justifiez votre réponse.

B *Regrouper les informations essentielles du texte pour en faire un résumé* (→ Méthodes, p. 105)

1. Lisez une première fois le texte, puis, au cours de votre lecture, notez pour chaque personne:
   - la ville d'où elle vient;
   - son ancien emploi;
   - le lieu de son nouveau domicile et son nouveau travail.
2. Au cours d'une seconde lecture, notez pour chaque personne:
   - les raisons de son déménagement;
   - les conditions nécessaires à la réalisation de son projet (aides, etc.);
   - les problèmes rencontrés à la campagne;
   - une formule du texte particulièrement significative.
3. Faites maintenant un résumé du texte.

Ils ont choisi la campagne

À 26 ans, Antoine Binet avait tout pour être heureux. Mais il ne l'était pas. «Je ne me sentais pas à ma place. J'avais une belle carte de visite, mais ça ne collait pas. Je constatais que dans les entreprises, à cause de la récession, l'ambiance devenait de plus en plus tendue. Je voyais les pères de mes copains qui, passé 50 ans, étaient virés les uns après les autres ...» Alors un beau matin, Antoine Binet est parti. Il a quitté son bureau de la Défense et pris la tangente. Direction la Bourgogne, le pays de son père. Il s'est posé au Vézelay, dans «un meublé, avec toilettes au fond du jardin, loué 300 francs par mois». Il l'a rénové de fond en comble en empruntant à la famille, à des copains, à quelques banques. Et là, le 19 août 1993, il a ouvert une crêperie. (...) «J'ai eu l'impression d'atterrir, de retomber sur mes deux pieds. Ici, on a de vrais rapports humains, la vie prend du relief.» (...)

Patrick Breuzé, lui, vient tout juste de partir. L'été dernier, il a largué Paris avec femme et enfant pour Samoens, un village en Haute-Savoie, entre Flaine et Avoriaz. À 43 ans, cet accro de la montagne ne voulait pas «attendre la retraite pour profiter d'une

vie dont on rêve». Aujourd'hui, Patrick Breuzé, de ses sommets, gère son agence de communication, ses clients et ses trois collaborateurs restés à Paris. «Je n'ai pas pris ma décision sur un coup de tête, raconte-t-il, j'ai testé la viabilité de l'opération pendant deux à trois ans. Je suis d'abord venu en vacances avec un fax, puis j'ai amené un portable, puis un modem et ainsi de suite.» (...) On ne s'intègre pas du jour au lendemain dans un village. Ce n'est pas Michel Couffite qui dira le contraire. L'été dernier, à 40 ans, cet ancien commercial toulousain, après avoir perdu son emploi à la suite d'un accident de moto, a ouvert une auberge sur la place de Senouillac, une petite commune du Tarn. Son projet, il l'a longtemps mûri avant de se lancer. (...) «J'avais tout prévu sauf une chose, la mentalité. Je voudrais faire bouger le village, organiser des fêtes, des rencontres, des expos de peinture, des concerts. Mais c'est difficile. Les habitants sortent peu de chez eux. Quand on n'est pas d'ici, les gens se méfient. On dit plein de choses sur moi. Rares sont ceux qui passent ma porte. Mes clients viennent essentiellement de l'extérieur ou, comme moi, ils sont nouveaux dans la commune.»

Reste ensuite à vaincre un autre obstacle: l'ennui, qui guette le citadin, habitué à une vie trépidante. Anne Bauchat n'y avait pas pensé lorsque, après dix-huit ans de vie parisienne, elle choisit de fermer son restaurant du XVIIe arrondissement pour rentrer dans sa ville natale de Perros-Guirec. (...) «Avec un ami, j'ai acheté un bateau de pêche. Tout allait bien, jusqu'à ce que hiver après hiver, les choses se gâtent. Les tempêtes se succédaient, je devais assumer les charges de la maison, mon compte en banque se vidait. Un jour, je suis restée clouée dans mon lit. Je pensais que j'allais retrouver le pays avec plaisir. La pêche, ça avait un côté romantique. Je croyais que je pourrais enfin écrire. (...) Tu parles! Le blocage complet, l'hiver, la nuit qui tombe à cinq heures, les gens cloîtrés chez eux. (...) Tous les deux mois, je vais à Paris prendre un bon bol d'oxyde de carbone, je dévore la ville. Je regrette tant de l'avoir quittée!

Le Point, 18 mai 1996

5 coller: *ici* marcher, fonctionner; **9 tendu/e:** *gespannt;* **10 passé 50 ans:** à plus de 50 ans; **11 virer qn** *fam.:* renvoyer qn; **15 la Défense:** un quartier d'affaires très moderne à l'ouest de Paris; **15 prendre la tangente** *fam.:* s'enfuir, partir; **17 se poser** *fam.:* s'installer; **20 de fond en comble:** complètement; **21 emprunter qc:** *etw. leihen;* **25 atterrir** (avion): *landen;* **31 larguer qn/qc** *fam.:* quitter qn/qc; **34 un/e accro** *fam.:* un/e passionné/e; **39 gérer qc:** *etw. verwalten;* **40 le/la collaborateur/-trice:** *ici* le/la collègue; **42 sur un coup de tête:** brusquement, sans réfléchir; **47 la viabilité:** la praticabilité; **47 un portable:** *ici* un ordinateur portable *aussi* un téléphone sans fil; **53 toulousain/e:** de Toulouse; **59 laisser mûrir qc:** *etw. reifen lassen;* **75 le/la citadin/e:** une personne qui vit dans une ville; **76 trépidant/e:** agité/e, stressant/e; **86 se gâter:** devenir mauvais; **87 se succéder:** se suivre; **88 assumer qc:** *ici* payer qc; **90 être cloué/e dans son lit:** ne pas pouvoir quitter le lit; **98 cloîtré/e:** *ici* enfermé/e; **100 l'oxyde de carbone:** *Kohlenmonoxyd*; **101 dévorer qc:** *etw. verschlingen*

Objectif langage

C *Vous pouvez réviser l'expression du temps.*

1. Relisez le texte, l. 49 jusqu'à la fin, puis relevez les expressions (locutions adverbiales ou conjonctions) qui répondent aux questions:
   Quand?, Jusqu'à quand?, Pendant combien de temps?, Combien de fois?.
2. «Après avoir perdu son emploi à la suite d'un accident de moto, il a ouvert une auberge.»
   «Son projet, il l'a longtemps mûri avant de se lancer.»
   Imaginez qu'Anne Bauchat retourne définitivement à Paris. Que pourrait-elle raconter à ses amis? Faites des phrases d'après les modèles ci-dessus.

D *Vous pouvez réviser l'emploi de l'imparfait et du passé composé dans le texte.*

1. Relisez le premier paragraphe du texte jusqu'à la ligne 24. Notez les formes à l'imparfait et au passé composé et classez-les sous ces deux rubriques:

Cadre ou arrière-plan	Actions

2. Quelle est l'expression de temps qui introduit la première action?
3. Imaginez, sur le modèle du premier paragraphe, le témoignage d'une personne qui décide de tout quitter pour aller s'installer à la campagne.
   Exemple: «À 30 ans, Isabelle Cendrar était bien malheureuse. Un jour, ...»

Discussion

1. Trouvez des arguments pour la vie en ville et pour la vie à la campagne et discutez.
   Pour argumenter vous pouvez utiliser:
   en fait – en principe – en général – en tout cas – c'est pourquoi – donc – ce qui compte, c'est ...
   Pour exprimer votre opinion personnelle, vous pouvez utiliser:
   à mon point de vue – je suis sûr(e)/certain(e) que – pour ma part ...
2. «Ici, on a de vrais rapports humains ...» À votre avis, qu'est-ce que c'est «de vrais rapports humains»? Trouvez ensemble des exemples.

Retour au naturel (2)

Approches

Qui en mange le plus?

Japon

Allemagne

États-Unis

France

Japon

Grande-Bretagne

Que pensez-vous de ces résultats? Et vous, que mangez-vous le plus souvent?

D'après: L'Express, 10 octobre 1996

A *Retrouver les indices qui permettent de définir le genre d'un texte, son objectif et son destinataire*

1. Qu'apprend-on sur la personne qui a écrit ce texte (sexe, âge, situation familiale, problème, etc.)?
2. D'après vous, à qui ce texte peut-il s'adresser? Où peut-on trouver ce genre de texte?

B *Comprendre et analyser les arguments du texte pour en discuter*

1. La personne qui a écrit ce texte explique pourquoi elle est devenue végétarienne. S'agit-il d'une décision plutôt raisonnée ou affective? Justifiez votre réponse.
2. Retrouvez tous les arguments mentionnés dans le texte pour ou contre cette décision et reformulez-les. Par exemple (l. 6): «Les plantes aussi sont des êtres vivants qui souffrent quand on les mange.»
3. Classez ces arguments par ordre d'importance et justifiez votre classement.
4. Complétez par d'autres arguments et préparez un débat (→ Méthodes, p. 53).

Pourquoi devenir végétarien?

Ce qu'il y a de changé dans ma vie? Je suis devenue végétarienne. La viande me dégoûte de plus en plus. Non, ce n'est pas pour «garder la ligne», car je mange toujours autant de gâteaux ... Simplement je ne peux plus manger de viande depuis que j'imagine que je bouffe du cadavre. Je vois dans les prés les petits agneaux du printemps et j'ai l'impression d'être une meurtrière et une cannibale. Mes frères qui attaquent joyeusement leur bifteck se moquent de moi. Ils me parlent du cri de la carotte, du désespoir de l'asperge, de la douleur de la tomate mangée crue. Mais peuvent-ils s'imaginer en train de manger leur chat? Et qui peut me dire la différence de sensibilité entre le chat et la vache, le chien et le porc?

Mon père pense me raisonner par cet argument: Ne pas manger de porc signifie la mort du porc, car personne n'élèverait ces animaux si on ne les mangeait pas. Ma mère, elle, prétend que pour être logique je ne dois plus porter que des chaussures en plastique, et ajoute que j'ai offert une ceinture criminelle (en cuir de porc) à mon copain ... Ma grand-mère (oui, cela devient un vrai débat de famille!) me dit que j'ai une réaction d'enfant gâtée, me parle de la guerre, de son enfance pauvre, etc. Ce sont les riches qui ont ce genre de souci et vont s'acheter leur petit paquet de soja dans les boutiques spécialisées ... Je ferais mieux de m'inquiéter des peuples qu'on égorge ... Comme si l'un empêchait l'autre! Mon oncle dit simplement que nous (les jeunes) ne savons plus vivre. Nous ne savons plus ce qui est bon, etc., etc.

Sylvie Gonsolin 1997

2 dégoûter qn: *jdn anekeln;* **4 bouffer qc** *fam.:* manger qc; **4 le/la meurtrier/-ière:** une personne qui tue qn, un assassin; **6 les asperges** *f.: Spargel;* **6 cru/e:** *roh;* **9 raisonner qn:** chercher à convaincre qn; **10 prétendre qc:** *ici* affirmer qc; **13 la ceinture:** *Gürtel;* **15 le débat:** la discussion; **17 gâté/e:** *ici verwöhnt;* **24 égorger qn:** *ici* tuer qn

Objectif langage

C *Vous pouvez élargir votre vocabulaire en utilisant des synonymes.*

1. Relevez dans le texte les verbes qui désignent différentes façons de manger, puis complétez votre liste:

   Exemple:

2. Procédez pareillement pour les mots «repas» et «conversation».

D *Vous pouvez revoir les différentes possibilités de donner des conseils.*

1. Il y a dans le texte des impératifs et d'autres tournures qui permettent d'exprimer des conseils. Relevez ces structures.
   Exemple: «Vous n'êtes pas tenu de manger n'importe quoi.» (l. 7)
2. Conseillez des personnes qui ont les problèmes suivants en utilisant des impératifs ou d'autres tournures que vous avez relevées en 1:
   «J'ai peu d'argent pour les cadeaux que je voudrais faire à Noël.»
   «Je n'ai pas assez d'argent pour partir en vacances.»
   «Je n'ai pas toujours envie de manger en famille le dimanche.»

Créativité

Réapprendre à se détendre, à lire, à écouter de la musique, à participer à un cours.
Formulez vos idées sur un ou plusieurs de ces sujets.

Écriture

Rédigez un commentaire de ce texte (→ Méthodes, p. 106).

Pour aller plus loin

Commentez ces résultats.

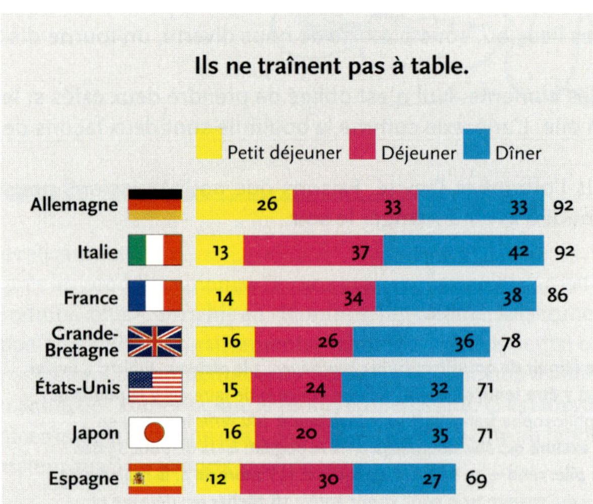

D'après: L'Express, 10 octobre 1996

Vous pouvez utiliser:

Les Français passent	plus de moins de autant de	temps à table que …

Les … consacrent	plus moins	de temps à …

Se déplacer (1)

De quel genre de texte s'agit-il?
À qui ce texte s'adresse-t-il?

Objectif compréhension

A *Décrire les éléments d'une publicité*

1. Décrivez l'image. À quoi vous fait-elle penser?
2. La relation texte-image: Quelle est la place prise par les textes? Quelle est l'importance du graphisme?
3. Quelle est la fonction des trois textes?

B *Travailler sur les arguments de la publicité*

1. Quel est l'objectif de cette publicité?
2. Quel est, à votre avis, le public visé?
3. Par quels moyens, cette publicité essaie-t-elle de le convaincre?
4. Donnez votre avis personnel sur cette publicité.

Projet

Prendre le train et le vélo, c'est aussi lutter contre la pollution: Tel est l'argument d'autres publicités de la SNCF pour ces deux moyens de locomotion. Concevez à votre tour, une publicité «écologique» pour l'un de ces deux moyens de locomotion.
Vous réfléchirez:
- au public: À qui cette publicité doit-elle s'adresser (p. ex. à des jeunes qui utilisent la voiture dès qu'ils ont leur permis de conduire, à des ménages qui ont deux voitures, à des adultes pour lesquels la voiture est un objet de prestige ...)?
- au message: Le message doit être adapté au public (p. ex. pour le dernier groupe: «Le vélo est un objet de luxe qui vous permet d'avoir la conscience tranquille.»);
- au style et au langage qui doivent être adaptés au public;
- aux éléments de la publicité: Que doit montrer l'image? Quel slogan choisir? Quelle place pour les slogans? Quel graphisme? Comment associer texte et image?

Se déplacer (2)

Approches

Quel est, à votre avis, le comportement le plus déraisonnable? Pourquoi?

Être seul dans une voiture

Aller au travail en voiture quand bus et métros y mènent

Circuler en voiture dans le centre-ville

En connaissez-vous d'autres? Nommez-les.

A *Comprendre l'article et en faire un compte rendu* (→ Méthodes, p. 105)

1. De quels thèmes parle l'article? Formulez une ou deux questions globales par thème.
   Exemple: Que signifie le retour des vacances?
2. Faites la liste des problèmes évoqués dans le texte.
3. Faites la liste des moyens, méthodes ou inventions cités dans le texte permettant de réduire la pollution automobile.
4. Faites maintenant un compte rendu de l'article. Vous pouvez utiliser les expressions suivantes: L'auteur constate (que) / rappelle (que) / s'interroge sur / se demande si / signale (que) / nous apprend (que) / cite ____ .

B *Analyser un article de magazine*

1. Relevez les deux thèmes principaux de l'article.
2. Classez les contenus des paragraphes sous les rubriques suivantes:
   Des constatations
   Un désir
   Des propositions
   Des exemples
   La mentalité des automobilistes
3. Cet article vise-t-il à informer? à susciter la réflexion? à amuser? À votre avis, que peut en retirer le lecteur?

Comment vivre avec la voiture?

Retour des vacances, retour des embouteillages, retour de la pollution, retour des accidents: la ville crève de «la bagnole». Il suffit d'un feu de signalisation en panne, d'une voiture garée en double file, d'une grève du métro ou de travaux de voirie pour provoquer un cauchemar urbain.

Stop! Faisons un rêve. Celui d'une ville où le piéton puisse respirer à pleins poumons sans craindre pour sa santé. D'une ville où l'enfant puisse se rendre à pied à l'école sans risquer d'être fauché par une voiture au feu rouge. D'une ville sans bouchons. Bref, d'une ville qui ne soit plus l'otage de la voiture. Est-ce trop demander? (...)

En moyenne, le citadin n'utilise sa voiture qu'une heure par jour. Un vrai gâchis économique. Aussi, les constructeurs se sont mis à imaginer de petits véhicules qui pourraient être partagés par tous. (...) Pour y avoir accès, le citadin intéressé devra souscrire au préalable un

La pollution atmosphérique en ville

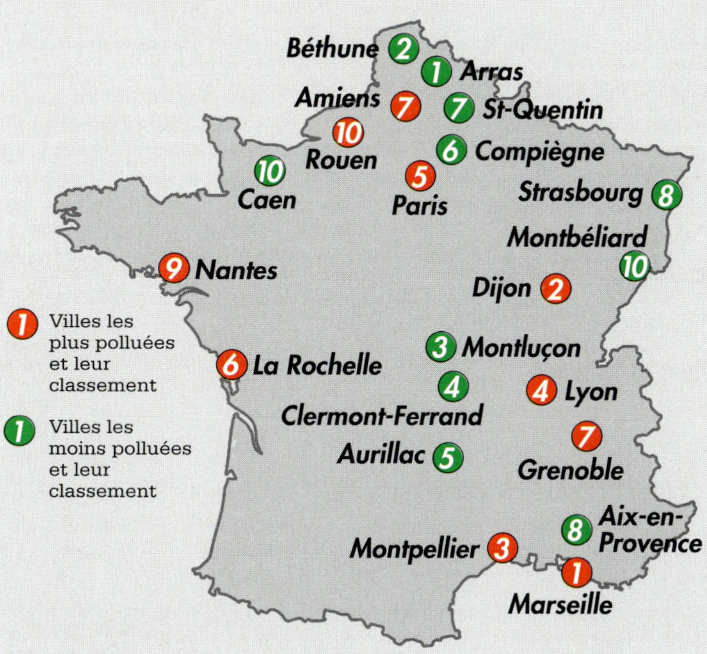

Le numéro un des polluants est le dioxyde d'azote produit par les gaz d'échappement des voitures.
Le numéro deux est le dioxyde de soufre ou de plomb produit par les usines.

Agence de l'environnement et de la maîtrise de l'énergie

abonnement annuel d'environ 1 000 francs. Ensuite, il lui suffira de glisser sa carte à puce dans le lecteur fixé sur le tableau de bord pour démarrer. Le parcours devrait être facturé 8 francs pour la prise en charge et 3 francs par minute de trajet. (...)

D'autres méthodes existent: les chicanes, les sens interdits. Certaines rues et même parfois des quartiers entiers, peuvent carrément être réservés aux piétons et aux bus. Petit revers de la médaille: le trafic s'en trouve d'autant augmenté à la périphérie.

À cette ségrégation, une méthode venant d'Allemagne et de Suisse préfère substituer une cohabitation douce. Ce sont les fameuses «zones 30», appelées ainsi parce que la vitesse des voitures est limitée à 30 kilomètres à l'heure. Elles ont commencé à fleurir à Lorient et à Strasbourg, et se répandent sur tout le territoire ... Comme il est impossible de mettre un policier derrière chaque pot de fleurs, c'est le tracé de la rue qui oblige l'automobiliste à ralentir. Création de chicanes, suppression de la différence de niveau entre trottoirs et chaussée, dos d'âne. (...)

Sans un réseau de transports en commun dense, rapide et confortable, il y a peu de chances de voir l'automobiliste abandonner sa voiture. Mais il est temps d'agir car le transport public traverse une crise: en 1995, il a perdu 2,1% de ses voyageurs. Or les villes qui limitent le plus les dégâts sont celles qui font le plus d'efforts d'investissements en la matière. C'est Nantes qui a été la première agglomération à réintroduire le tramway au début des années 80. (...)

Malheureusement, la venue du tramway ne suffit pas toujours à endiguer la marée automobile. (...)

«Pourquoi diable voulez-vous que j'aille m'entasser avec cent inconnus dans un bus ou un tramway, alors que ma voiture n'attend que moi dans mon garage, qu'elle possède un autoradio stéréo et le téléphone, qu'elle est confortable, plus rapide, malgré les embouteillages, et qu'une place de parking m'attend au bureau?» s'exclame cet ingénieur informaticien à la Défense. Ils sont des millions à tenir ce raisonnement, et rien ne pourra les faire changer d'avis. Sauf ... l'impossibilité de se garer sur leur lieu de travail.

D'après Le Point, 5 octobre 1996

4 crever de qc *fam.*: mourir de qc; **4 la bagnole** *fam.*: la voiture; **5 le feu de signalisation:** *Ampel;* **7 se garer en double file:** se garer dans la rue, à côté d'une autre voiture; **8 la grève:** *Streik;* **8 les travaux de voirie:** les travaux pour réparer une rue; **10 le cauchemar:** *Albtraum;* **17 faucher qn** *fam.*: renverser qn, jdn anfahren; **20 l'otage** *m.*: *Geisel;* **23 le/la citadin/e:** une personne qui habite dans une ville; **25 le gâchis:** *Verschwendung;* **26 aussi:** *ici* c'est pourquoi; **31 souscrire un abonnement:** s'abonner à qc; **31 au préalable:** d'abord; **33 une carte à puce:** *Chipkarte;* **34 le lecteur:** *ici* la machine qui lit les cartes à puce; **34 démarrer:** mettre le moteur en marche (voiture); **35 être facturé/e:** coûter; **36 la prise en charge:** *Übernahme;* **38 la chicane:** *Fahrbahnverengung;* **40 carrément:** *ici* tout à fait; **41 le revers de la médaille** *fig.*: l'inconvénient; **42 d'autant:** *umso mehr;* **44 la ségrégation:** la séparation; **45 substituer qc:** remplacer qc; **45 la cohabitation:** le fait de vivre ensemble; **52 le tracé:** la forme; **55 le dos d'âne:** une élévation au milieu de la rue pour freiner les voitures; **56 le réseau:** *Netz;* **56 dense:** *dicht;* **67 endiguer qc:** canaliser qc; **69 s'entasser:** se serrer; **76 la Défense:** un quartier d'affaires très moderne à l'ouest de Paris

Objectif langage

C *Vous pouvez réviser l'emploi du subjonctif dans la relative.*

1. Relisez le deuxième paragraphe. Expliquez l'emploi du subjonctif dans la relative.
2. Le rêve de la ville idéale: imaginez ce que pourrait souhaiter une personne habitant dans une ville très polluée par les automobiles et les usines. Vous pouvez utiliser:
   Je rêve d'une ville où / qui + *subj.*
   Je voudrais / J'aimerais habiter dans une ville / un quartier où / qui + *subj.*
   Il faudrait trouver des méthodes efficaces qui / que + *subj.*

D *Vous pouvez travailler le vocabulaire.*

Cherchez dans le texte les mots que vous pouvez classer sous les rubriques suivantes.
Plusieurs classements sont possibles.

la ville	la voiture	la circulation

Discussion

18 ans, l'âge du permis de conduire. Conduire ou ne pas conduire? Conduire un peu? Beaucoup? Passionnément? Posséder une voiture ou non? Discutez.

Créativité

Imaginez une scène entre un optimiste et un pessimiste discutant du thème de la pollution en ville.

Pour aller plus loin

Se déplacer (3)

Objectif lecture

A/B *Retrouver les informations les plus importantes d'un texte*

1. Retrouvez dans le texte les informations sur:
   – les patineurs: Qui sont-ils? À quel milieu social semblent-ils appartenir? Quel âge ont-ils?
   – les différentes utilisations des rollers;
   – les différences entre patineurs et skateurs.
2. Écrivez un texte informant le lecteur sur le phénomène des rollers.

Le roller, c'est top et cool

Sur le parvis du musée d'Art moderne: Une bande d'ados vient d'y faire connaissance en enchaînant les figures: le tremplin, le 180 (un demi-tour fulgurant), le sac à dos (un saut arrière). Ils ont entre 13 et 16 ans et regardent de travers les skateurs qui, quelques marches plus haut, font claquer leurs planches. Deux mondes différents, même opposés. «Les skateurs, ils sont un peu plus racaille. On ne s'aime pas.», tranche Mathieu, un casse-cou de 16 ans, mais de bonne famille. La racaille, c'est la

▸ Mathieu, 16 ans: «Il faut initier tout le monde aux rollers. J'imagine bien les jeunes et les vieux glisser ensemble sur les trottoirs.»

Annabelle, 19 ans: «J'adore le snowboard. Pour continuer de m'entraîner à Paris, j'ai découvert le snake. Avec ou sans neige, je surfe tout le temps.» ◄

Alain Benssoussan, avocat: «Je n'aimerais pas faire du vélo avec mes enfants. Alors que le roller familial est un vrai concept.» ►

D'jhama, musicien et designer: «Je ne prends jamais le métro. Je ne me déplace qu'en blades.» ◄

banlieue. Ce sont surtout des jeunes qui n'ont pas forcément de quoi s'offrir une paire de rollers, beaucoup plus chère qu'une simple planche. Dévoilant son bras couvert de mercurochrome à la façon d'un légionnaire qui montrerait ses blessures de guerre, Mathieu raconte son dernier «vautrage» (chute): un saut de neuf marches d'une seule traite. S'il aime Balzac et les romans policiers de Patricia MacDonald, il préfère de loin ses prouesses de vitesse: «Je mets douze minutes pour venir du treizième arrondissement au Trocadéro.» (...)

D'Jhama, 34 ans, descend les escaliers en marche arrière. Ce qui n'impressionne pas du tout son fils Taka-Haki (17 ans): «Mon fils trouve que le sport, c'est mauvais pour la santé. On fait de la musique ensemble et je fais du roller tout seul. De toute façon, c'est mon moyen de locomotion.»

L'Événement du Jeudi, 18–24 / 7/ 1996

1 le parvis: la place; **2 un/e ado** *fam.:* un/e adolescent/e; **3 le tremplin:** *Trampolin;* **4 fulgurant/e:** très rapide; **5 regarder de travers qn:** *jdn schief angucken;* **6 claquer:** *knallen;* **8 être racaille:** qui fait partie du bas peuple; **9 trancher:** *ici* dire de façon catégorique; **9 un casse-cou:** qn qui aime le danger; **12 avoir de quoi:** *ici* avoir les moyens; **15 la planche:** *ici* le skate; **15 dévoiler qc:** montrer qc; **16 le mercurochrome:** un désinfectant de couleur rouge pour les blessures; **22 d'une seule traite:** en une seule fois; **23 Balzac, Honoré de** (Tours 1799 – Paris 1850): un écrivain français; **25 la prouesse:** une action remarquable; **37 le moyen de locomotion:** *Fortbewegungsmittel. (Illustrationen:)* **initier qn à qc:** introduire qn à qc; **glisser:** *gleiten;* **le snake:** un skate étroit; **c'est un vrai concept:** *ici* c'est une bonne chose; **les blades** *m.:* les patins en général, les rollers

Pour aller plus loin

Quels moyens de locomotion utilisez-vous pour aller à l'école et en dehors de l'école? Pourquoi?

Nombre de déplacements quotidiens par Français

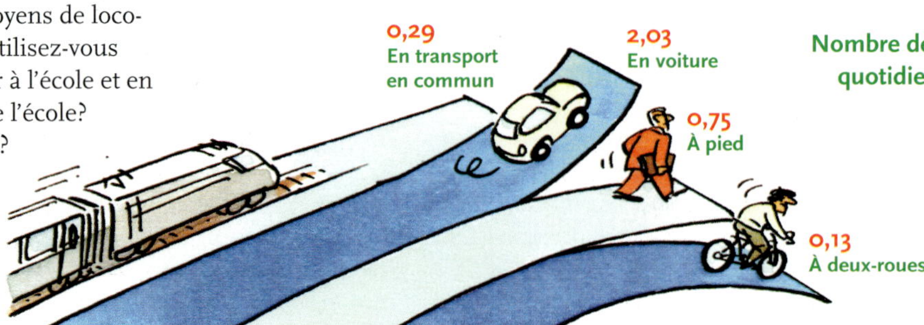

en pourcentage, évolution de 1982 à 1994

Vivre avec les autres (1)

Approches

1. La grève des transports publics: imaginez-en les conséquences.
2. Quel contenu pourrait-on attendre d'un article sur la grève des transports publics?

Objectif lecture

A *Partir du titre pour comprendre un texte*

1. Comment interprétez-vous le titre du texte?
2. Lisez la dernière phrase du texte et formulez vos attentes concernant le contenu du texte.
3. Lisez maintenant le texte. Dans quelle mesure le titre et la fin du texte sont-ils justifiés? Donnez des exemples tirés du texte.

B *Analyser le ton d'un article de presse*

1. Après une première lecture globale, résumez le sujet de l'article en une ou deux phrases.
2. Quels sont les effets de la grève qui intéressent le journaliste?
3. Qualifiez le regard du journaliste: est-il sympathisant? amusé? agressif? grave? ou mélancolique? Trouvez des expressions du texte qui justifient votre réponse.

Dans grève, il y a rêve

Les Parisiens parlent avec le calme des vieilles troupes, comme s'ils avaient connu plusieurs guerres. Les journaux reparlent du système D qu'on avait bien oublié depuis cinquante ans. On attend les vélos-taxis et le marché noir. Modernité oblige, les Nike ont remplacé les semelles de bois. Bourgeois et prolos se parlent sans avoir été présentés, comme dans les abris. (...) Les classes sociales se frôlent sans se heurter. Devant l'hôpital Saint-Antoine, une vingtaine de personnes attendent un bus privé. Un monsieur explique avec candeur qu'il est bien embêté, parce que son chauffeur a la grippe. Personne ne se moque. On le plaint, on l'admet dans le camp des victimes. Le bus tarde à venir, et le groupe bavarde. Un gars, qui est resté longtemps silencieux, finit par avouer qu'il travaille à la RATP. Il a senti qu'il ne risquait rien. On ne lui fait aucun reproche, on ne lui témoigne aucune hostilité.
Le monsieur lâché par son chauffeur donne le ton. Il dédramatise, relativise la chose. «Allez, on en a vu d'autres. J'ai connu les grandes grèves de 48 et de 52. C'était pas de la tarte.» On le regarde comme s'il venait d'un autre monde, où on savait terminer une grève. Mais on se tait. Les gens surveillent leurs propos, quel que soit leur sentiment à l'égard des grévistes. Sous les arcades de la rue Rivoli, un mec en rollers hurle: «Vous avez voulu Chirac, eh bien, vous l'avez. Vous n'avez jamais su voter!» On s'écarte, comme devant un fou. On ne peut pas à la fois marcher et parler politique.

Les gens ont cette politesse et cette prudence des peuples au bord de la crise de nerfs. En même temps, ils sont joyeux. Ils vivent un entracte de liberté. On le voit dans les embouteillages. «Je les trouve cools, dit un gardien de la paix. On n'entend plus: «Avance, eh, tordu!» Des automobilistes BCBG prennent des loubs à leur bord. La méfiance tombe quand les grilles de métro se ferment. On se rend compte à quel point le métro est un moyen de transport antinaturel. Les Parisiens ne s'adressaient plus la parole depuis l'ouverture, il y a cent ans, de la première ligne de métro Vincennes-Neuilly. Ils refont connaissance.

Le voisin de palier cesse d'être un ennemi potentiel. «Le monsieur du quatrième était furieux contre nous, à cause des gosses qui font toujours du bruit, dit une femme qui habite la Nation. Il était même allé se plaindre au commissariat. Maintenant, il me dépose tous les matins à mon travail, près de Ballard.» (...) Paris est devenue une foule où bat un cœur gros comme ça.

D'après Le Nouvel Observateur, février 1996

la grève: *Streik;* **4 le système D:** le système «Débrouille» (*du verbe* se débrouiller); **9 la semelle:** *Sohle;* **11 un abri:** *ici* un abri contre les bombardements; **12 se frôler:** se toucher presque; **13 se heurter:** *sich stoßen;* **16 la candeur:** la naïveté; **20 tarder à faire qc:** mettre longtemps à faire qc; **22 le gars** *fam.:* le jeune homme; **24 la RATP (Régie Autonome des Transports Parisiens):** la société des transports en commun à Paris; **26 témoigner qc à qn:** montrer qc à qn; **26 l'hostilité** *f.:* un sentiment de haine ou d'agressivité; **31 ce n'est pas de la tarte** *fam.:* ce n'est pas facile; **35 le propos:** les paroles; **36 le/la gréviste:** une personne qui fait la grève; **38 le mec** *fam.:* l'homme, le garçon; **46 un entracte:** *ici* une pause; **49 le gardien de la paix:** le gendarme; **50 le/la tordu/e** *fam.:* l'idiot/e; **51 BCBG (bon chic, bon genre):** très élégant/e et distingué/e; **51 le loub** *fam.:* (*du nom* loubard) un jeune des banlieues appartenant à une bande; **53 la grille:** *das Gitter;* **64 le/la gosse** *fam.:* un/e enfant; **66, 69 Nation, Ballard:** des stations de métro à Paris; **68 déposer qn:** *ici* laisser qn descendre à un endroit après l'y avoir conduit

Objectif langage

C *Vous voulez comprendre les expressions imagées du texte.*

1. «Les classes sociales se frôlent sans se heurter» (l. 12).
   «Les gens ont cette politesse et cette prudence des peuples au bord de la crise de nerfs» (l. 43).
   «La méfiance tombe quand les grilles de métro se ferment» (l. 52).
   «Paris est devenue une foule où bat un cœur gros comme ça» (l. 69).
   Chacune de ces phrases contient un ou plusieurs sous-entendus, c'est à dire des choses qui ne sont pas exprimées ouvertement mais qu'on peut comprendre, par exemple:
   «Les classes sociales se frôlent sans se heurter» → Sous-entendu: «D'habitude les classes sociales ne communiquent pas facilement. Si elles entrent en relation, cette relation est plutôt conflictuelle.»
   Indiquez les sous-entendus possibles contenus dans les trois autres phrases.

D *Vous pouvez revoir la conjugaison de certains verbes.*

1. Donnez l'infinitif des verbes soulignés: «un gars <u>finit</u> par avouer» (l. 21–23) et «il a <u>senti</u> qu'il ne risquait rien» (l. 24).
   Notez les formes du présent de ces verbes sur une fiche. Indiquez au moins cinq autres verbes qui se conjuguent sur le modèle de chacun de ces deux verbes et utilisez-les dans une phrase.
2. Relisez le texte, choisissez trois verbes dont la conjugaison vous paraît difficile et notez sur une fiche les formes qui vous semblent les plus problématiques.

Vivre avec les autres (2)

Approches

1. Que voyez-vous sur cette couverture de magazine?
2. À votre avis où se trouvent ces femmes?
   Établissez un rapport entre le titre et l'image.

Objectif lecture

En 1997, Catherine Trautmann, maire de Strasbourg, devient ministre de la Culture et de la Communication et porte-parole du gouvernement de Lionel Jospin.

A *S'informer sur la biographie et la carrière d'une femme politique*

1. Préparez avant la lecture du texte une liste de questions sur la personne de C. Trautmann et sur sa carrière politique.
2. Lisez le texte. Auxquelles de vos questions répond-il? Notez les réponses.
3. Résumez les autres informations qui ne répondent pas à vos questions.
4. Quelles questions aimeriez-vous poser à Catherine Trautmann?

B *Analyser un texte de «portrait en action»*

1. Notez tous les traits de caractère présentés dans cet article.
2. Il y a différentes possibilités de faire le portrait d'une personne. On peut p. ex.:
   – nommer le trait de caractère sans l'illustrer;
   – nommer le trait de caractère et l'illustrer par une action;
   – décrire une action ou une anecdote et laisser le lecteur déduire le trait de caractère.
   Comment le journaliste procède-t-il ici?
3. Trouvez-vous ce portrait réussi? Justifiez votre réponse.

Au premier rang ...

«Elle est têtue, incroyablement têtue», affirme un opposant, découragé par cette femme qui porte la culotte mieux que lui. «Il paraît que, petite fille, j'étais déjà comme ça. Ce qui amusait beaucoup ma famille», confie la ministre. Ce sont les Strasbourgeois qui, en 1989, eurent la primeur de sa poigne. Ils avaient élu une dame dynamique, ils se réveillent aux côtés d'une femme de caractère. Un projet de métro a-t-il été voté et lancé par la précédente municipalité? Elle annule tout, rompt des contrats faramineux, impose l'idée d'un tramway de verre comme il n'en existe nulle part ailleurs. Lui faut-il, pour cela, abattre une

un vieux chat qui ne s'intéresse plus à rien, qui ne joue plus, qui ne fait plus que manger et dormir. Un jour, il se met sous un canapé ou une armoire, et il ne veut plus en sortir. Il ne mange plus, il n'ouvre plus les yeux. Et il ronronne, il ronronne. (...)

LUI: Et tu y as songé quand nous partirons en vacances? Et il fera ses griffes dans les rideaux, ou sur nos fauteuils de vieux cuir.

ELLE: De toute façon, ils sont fichus. *(Un moment de silence)* Tu as sans doute raison. Mais ici, ce n'est pas une vraie maison.

LUI: Attends un peu, nous venons juste d'arriver.

ELLE: Non, tant qu'il n'y aura pas de chat, ce ne sera pas une vraie maison. (...) Dans une vraie maison il y a un chat. Qui se promène, qui a ses parcours.

LUI: Qui pisse partout, oui, pour marquer son territoire. Ce que tu appelles une maison, pour lui, tu n'imagines pas ce que c'est. Un lieu sauvage, plein d'odeurs. Des odeurs qu'il affectionne, qui l'inspirent. Celle de la poubelle, celle du linge sale. Et qu'il défend contre les incursions des autres en pissant aux quatre coins. Régulièrement quatre fois par jour, de peur que le parfum s'atténue.

ELLE: Ce que tu décris, c'est le comportement d'un mâle. D'un mâle entier. Nous, nous le ferons couper.

LUI: Oh! comme je le vois déjà! Le gras minou, le gras eunuque ronronnant sur les genoux de Madame. Le gras eunuque essoufflé, pas même fichu de sauter sur un tabouret de cuisine.

ELLE: De toute façon ce sera une chatte.

LUI: Coupée aussi évidemment, pour éviter les accents mélodieux, les nuits d'été sur le balcon.

ELLE: Une chatte, ça ne se coupe pas, ça s'opère. On lui retire juste ce qu'il faut, et ça ne lui manque pas du tout.

LUI: Qu'est-ce que tu en sais?

ELLE: Une jolie petite chatte grise, avec un museau fin. Ou encore une tricolore, ce sont les plus jolies.

LUI: Tricolore. Et qui chante la Marseillaise.

ELLE: Arrête. Allez, dodo, il est tard.

LUI: Je lui achèterai des souris, pour l'exercice. Ça mettra de la gaieté, de l'animation puisque tu trouves la maison sinistre.

ELLE: Je n'ai jamais dit ça. Allez viens, dodo.

Danielle Sallenave, Conversations conjugales, P.O.L. 1987

11 le déboire: l'échec; **15 soumis/e:** très obéissant/e; **16 le ronron:** *Schnurren;* **18 le type** *fam.:* l'homme; **20 dès lors que:** à partir du moment où; **21 infantilisé/e:** comme un enfant; **23 je t'assure:** *ici exclamation qui exprime qu'on est contre qc;* **30 songer à qc:** penser à qc; **31 la griffe:** *Kralle;* **31 le rideau:** *Vorhang;* **32 le cuir:** *Leder;* **33 fichu/e** *fam.: futsch;* **37 tant que:** aussi longtemps que; **43 une odeur:** *Geruch;* **43 affectionner qc:** aimer bien qc; **44 la poubelle:** *Mülleimer;* **44 le linge:** *Wäsche;* **45 une incursion:** le fait d'entrer sans permission; **47 s'atténuer:** diminuer; **49 le mâle:** un animal masculin; **49 couper un chat:** *ici einen Kater kastrieren;* **51 le minou** *fam.:* le chat; **53 l'eunuque** *m.: Eunuch;* **53 essoufflé/e:** à bout de souffle, qui respire mal; **53 ne pas être fichu/e de faire qc** *fam.:* ne pas être capable de faire qc; **54 le tabouret:** *Hocker;* **62 le museau:** *Schnauze;* **63 tricolore:** qui a trois couleurs (p.ex. le drapeau de la France); **65 (faire) dodo:** *(langage enfantin)* dormir; **68 sinistre:** *ici* triste

Objectif langage

C *Vous pouvez travailler le vocabulaire du texte.*

1. Trouvez dans le texte un synonyme pour chacun des mots ou expressions suivants: aimer qc – aussi longtemps que – une attitude – ne pas être capable de faire qc – dès l'instant où – des ennuis, des problèmes – obéissant/e – un sofa – toujours – très triste.
2. Utilisez au moins quatre de ces synonymes dans des phrases.

D *Vous pouvez réviser l'emploi du futur simple.*

1. Relisez le dialogue et relevez les formes au futur simple. Expliquez son emploi dans le texte.
2. Imaginez une discussion entre un enfant et ses parents au sujet de l'achat d'un animal domestique. Utilisez le futur simple le plus souvent possible. Exemple:
   Enfant: Papa, tu m'achètes un chien?
   Père: Un chien? Moi, je ne suis pas contre, mais il faudra que tu t'en occupes.
   Mère: Dis-moi, qui le promènera trois fois par jour quand tu seras à l'école?
   ...

Discussion

1. Le nombre des animaux domestiques est très important (→ Pour aller plus loin, ci-dessous). À votre avis pourquoi?
2. Quels problèmes entraîne le nombre des chiens dans les villes?
3. Il y a des immeubles où les animaux sont interdits. Qu'en pensez-vous?

Créativité

1. Imaginez différentes mises en scène de ce dialogue: le ton des personnages, les apparences et attitudes.
2. Quinze jours plus tard. Elle vient d'acheter un chat. Imaginez le dialogue et jouez la scène.

Pour aller plus loin

Chats et chiens

Il y a en France 16 millions de chiens et de chats: 8,2 millions de chats et 7,8 millions de chiens. Record mondial (14 pour le Royaume-Uni et 12 pour l'Italie), 19 millions de poissons rouges ou autres, 6 millions d'oiseaux, 1 million de rongeurs (lapins, hamsters etc.), soit au total (sans compter les tortues, singes, boas, animaux exotiques) 42 millions.

La ville de Paris compte 350 000 enfants scolarisés et 500 000 chiens. On enregistre chaque année en France, la naissance de 750 000 bébés et un million de chiots.

Le chiffre d'affaire des vendeurs de nourriture pour animaux est plus que le double de celui des aliments pour bébés. 20 milliards de francs sont dépensés chaque année pour la nourriture des animaux domestiques.

200 000 morsures graves par an.

16 tonnes de crottes sur les trottoirs de Paris.

Le Nouvel Observateur, du 16 au 22 janvier 1997

3 la tortue: *Schildkröte;* **8 le chiot:** un jeune chien; **14 la morsure:** *Biss;* **15 la crotte:** *Kot*

À la recherche du bonheur

Approches

Commentez cette statistique.
Le bonheur pour vous, qu'est-ce que c'est?

D'une façon générale, êtes-vous satisfait de la vie que vous menez?

	Classement	% de satisfaits
Danemark	1	97,6
Suède	2	96,4
Luxembourg	3	94,1
Pays-Bas	4	93,4
Finlande	5	90,5
Autriche	6	90,3
Belgique	7	89,4
Irlande	8	89,3
Royaume-Uni	9	84,7
Allemagne	10	84,2
Italie	11	79,1
Espagne	12	75,5
France	13	73,7
Portugal	14	65,7
Grèce	15	51,4

D'après: Francoscopie 1997

Objectif écoute/compréhension

A *Dire ses impressions lors de l'écoute d'un poème*

Écoutez le poème.

1. Quelle impression générale avez-vous? Avez-vous une impression de lourdeur, de légèreté, de gaieté, de mélancolie, de vie, de mort?
2. Quelles images et quelles couleurs avez-vous retenues lors de cette écoute? Qu'est-ce qu'elles évoquent pour vous?
3. À votre avis, quel est le message du poème?

B *Comprendre et analyser un poème*

Lisez le poème.

1. Quelle est la phrase-clé du poème? À quoi servent les vers qui la précèdent?
2. Qu'est-ce qui fait le bonheur de l'auteur? Donnez des exemples. Qu'est-ce que ces exemples ont en commun?
3. Décrivez la structure du poème (la longueur des vers, les sons qui se correspondent) et mettez-la en relation avec son contenu.

Pourquoi que je vis

Pourquoi que je vis
Pourquoi que je vis
Pour la jambe jaune
D'une femme blonde
Appuyée au mur
Sous le plein soleil
Pour la voile ronde
D'un pointu du port
Pour l'ombre des stores
Le café glacé
Qu'on boit dans un tube
Pour toucher le sable
Voir le fond de l'eau
Qui devient si bleu
Qui descend si bas
Avec les poissons
Les calmes poissons
Ils paissent le fond
Volent au-dessus
Des algues cheveux
Comme zoizeaux lents
Comme zoizeaux bleus
Pourquoi que je vis
Parce que c'est joli.

Boris Vian,
Je ne voudrais pas crever, 10/18,
© J.J. Pauvert 1962

7 la voile: *Segel;* **8 le pointu:** *ici* le voilier, *Segelschiff;* **11 le tube:** *ici* un verre en forme de tube; **18 paître:** *grasen;* **21 zoizeaux,** *onomat.:* des oiseaux

Objectif langage

C *Le vocabulaire de la nature: Vous pouvez faire le point sur vos connaissances.*

1. Imaginez un paysage à la campagne, à la montagne, au bord d'un lac ou de la mer: Faites une liste de tous les noms qui vous viennent à l'esprit.
2. Attribuez à chaque nom un adjectif ou un verbe.
   Exemple:

la mer bleue

le soleil	la plage	le coquillage	la mouette
briller	chaude	s'ouvrir	planer

Créativité

Réécrivez ce poème en utilisant, si possible, le vocabulaire de l'exercice C.

Vocabulaire thématique

La nourriture

déjeuner/dîner | dans une auberge / au restaurant / en famille

devenir/être | végétarien/ne

être dégoûté/e par la viande	*angeekelt sein*
avaler son repas	*hinunterschlucken*
manger par habitude	
goûter un mets	
déguster un vin	*kosten/probieren*
vider un plat	*leer essen*

vouloir garder la ligne

manger	sainement	
	des produits allégés / diététiques	*Light-Produkte/ Diätprodukte*
	des alicaments	*(angereicherte Lebensmittel)*

La pollution atmosphérique

La circulation			
Le trafic			
Les voitures	pollue(nt) l'air/l'atmosphère.		
L'industrie	est/sont responsable(s) de beaucoup d'allergies.		
Les fumées des usines	**provoque(nt)**	des maladies des bronches.	*auslösen, Krebs*
L'oxyde de carbone		des **cancers**.	*Kohlenmonoxyd*
Le **dioxyde d'azote**			*Stickstoffoxyd*
Le **soufre**			*Schwefel*

rouler
- au diesel
- au gaz
- au super
- au gazole
- à l'essence sans plomb

prendre des mesures pour — *Maßnahmen ergreifen*
- baisser le niveau de la pollution
- limiter
  - les dégâts
  - la vitesse
  - la circulation dans le centre ville
- inciter l'automobiliste à ralentir
- **endiguer la marée automobile** — *die Autoflut eindämmen*

utiliser les transports en commun
se déplacer en bus / en tramway / en métro / à vélo
réintroduire le tramway
proposer / créer
- le **covoiturage** — *Fahrgemeinschaft*
- **des chicanes** — *Fahrbahneinengungen*
- **des dos d'ânes** — *Schwellen*

La politique

voter
- **pour qn** — *für jdn stimmen*
- **bulletin blanc** — *einen leeren Stimmzettel abgeben*

s'abstenir — *sich enthalten*
exercer son droit de vote — *sein Wahlrecht ausüben*

élire qn — *jdn wählen mit*
- **au suffrage universel** — *allgemeinem Wahlrecht*
- **au scrutin majoritaire** — *Mehrheitswahl*
- **à la proportionnelle** — *Verhältniswahl*

se présenter aux **élections**
- **présidentielles** — *Präsidentschaftswahlen*
- **législatives** — *Parlamentswahlen*
- **municipales** — *Kommunalwahlen*

parler / faire de la / se lancer dans la — politique

nouer des contacts
adresser la parole au public
convaincre ses opposants — *überzeugen*
être
- minoritaire
- majoritaire

organiser une **campagne électorale** — *Wahlkampf*
mettre en place un conseil des jeunes
s'engager dans **un parti** — *Partei*

nommer qn ministre

Organiser un débat

Recommandations générales

1. La préparation

- Le *thème:* Fixez d'abord le thème et formulez-le. Ceci est très important car le thème doit poser un problème et doit vous inciter à prendre position. La formulation du thème doit être courte, claire et précise. Vous pouvez poser le thème sous forme d'assertion *(Behauptung)* ou sous forme de question.
  Exemple: Un débat sur «L'école de demain» (p. 67) pourrait partir des thèmes suivants:
  «Les ordinateurs sont-ils de meilleurs professeurs?» ou «Dans quelques années les professeurs seront superflus.».
- La *recherche d'information:* Pour pouvoir discuter et trouver de bons arguments, il faut tout d'abord être informé sur le sujet. Une fois le thème fixé, essayez de vous rendre compte de ce que vous savez déjà et des informations qui vous manquent encore et documentez-vous.
  Exemple: Pour le thème «Les ordinateurs sont-ils de meilleurs profs?» il faut connaître un peu les ordinateurs et savoir ce qu'on peut en faire.
- Formuler les *arguments principaux:* Une fois informé, vous pouvez définir votre position (pour ou contre). Réfléchissez aux arguments principaux et notez-les (pour ne pas les oublier plus tard). Essayez aussi d'anticiper les arguments de «l'autre camp», cela vous permettra de vous préparer à la discussion et d'avoir éventuellement déjà une réponse.
- Le *langage:* Avez-vous besoin d'un langage spécialisé (p. ex. sur l'ordinateur) et de certaines structures pour argumenter (→ p. 54)? Préparez-vous en notant les mots et les structures dont vous aurez peut-être besoin.

2. Le déroulement

On peut bien sûr discuter «librement», c'est à dire sans aucune structuration, mais souvent il est préférable «d'organiser» le débat pour obtenir des résultats plus précis. Nous vous proposons donc ici des formes de débat assez classiques.
- Le temps: fixez d'abord le temps de la discussion et le temps de parole de chaque participant.
- Les participants: Choisissez un ou deux camarades qui veillent au bon déroulement de la discussion. Leurs tâches: noter qui veut prendre la parole et accorder la parole; surveiller le temps de parole; terminer la discussion.

Pour la participation à la discussion, il y a différentes possibilités:
1. Chacun peut demander la parole et exposer ses arguments.
2. Vous partagez le groupe en trois: deux camps (pour et contre) et le public. Chaque camp prépare ses arguments et les expose devant le public.
3. Vous formez une «table ronde»: Deux à trois élèves de chaque camp discutent devant le public.

3. L'évaluation

En général, on mène un débat pour convaincre. Il est donc nécessaire de «faire le point» à la fin de la discussion. Pour cela vous avez plusieurs possibilités: vous pouvez noter les points sur lesquels vous avez été d'accord ou non. Vous pouvez formuler les points qui restent en suspens et, bien sûr, le public peut procéder à un vote.
Ce qui est également important, c'est d'évaluer la discussion: qu'est-ce qui a bien marché? Qu'est-ce qu'il faudrait faire mieux la prochaine fois?

Application

Formulez des sujets de débat à partir des textes suivants:
- le témoignage de Marie, p. 13;
- «Comment vivre avec la voiture?», p. 39;
- «Les raisons du chômage», p. 84.

Choisissez un de ces sujets et préparez un débat comme indiqué ci-dessus.

La radio

Approches

1. Quels mots est-ce que vous associez à «jeu» et «radio»?
2. Structurez ces associations, en regroupant p. ex. les associations «positives» ou «négatives», les noms, les adjectifs ou les verbes, etc.

Objectif lecture

Dans «Journal du dehors», Annie Ernaux livre une série d'instantanés sur la société contemporaine. Ici, elle présente un jeu radiophonique.

A *Retrouver les règles du jeu et son déroulement*

1. Lisez le texte et retrouvez les informations suivantes: Comment l'animateur choisit-il les participants? Que doivent-ils faire? Que peuvent-ils gagner?
   Que se passe-t-il quand un participant perd?
   Qu'est-ce qui arrive à Mme Lefebvre?
   Comment réagit-elle?
2. Connaissez-vous des jeux radiophoniques allemands? Si oui, donnez leurs règles.

B *Analyser les relations animateur – auditeur*

1. Relevez les mots qui qualifient la façon de parler de l'animateur.
2. Maître – élève, père – enfant, égal – égal, ami – ami, chat – souris:
   lesquelles de ces paires décrivent ici le mieux la relation animateur – auditeur?
   Justifiez votre réponse.
3. Préparez une lecture à voix haute du dialogue.

Dimanche matin, sur RTL

Dimanche matin, sur RTL, l'émission «Stop ou encore» qui fonctionne sur un modèle très répandu: solliciter l'écoute d'un grand nombre de gens en leur proposant de voter pour ou contre une chanson, dont on passe le disque, et en leur donnant l'espoir de gagner la somme. En effet, toutes les cinq chansons, l'animateur appelle n'importe qui, au hasard du bottin, afin qu'on lui cite le montant exact de la somme en jeu, «la valise». Il suffit donc d'écouter et de retenir un chiffre pour empocher celle-ci.

L'animateur annonce qu'il y a 27 219 francs dans «la valise», d'une voix solennelle. Puis: «Attention, je vais appeler un auditeur... » On entend le téléphone sonner, être décroché. Une toute petite voix mal assurée: «Allô, qui est à l'appareil? – Julien Lepers, de RTL. Vous êtes bien madame Lefebvre? – Non, c'est Jérémie ...» L'animateur, autoritaire: «Tu peux aller chercher ton papa ou ta maman? – Mon papa est au jardin, ma maman est occupée je ne sais pas où ...» L'animateur insiste: «Mais tu peux aller leur dire qu'il y a quelqu'un à l'appareil?» L'enfant semble hésiter, puis se décider. Silence. L'animateur s'impatiente, cite les chansons qu'on entendra ensuite (...).

Une voix soudain, de femme: «Allô!» L'animateur, enjoué: «Madame Lefebvre? C'est Julien Lepers, de RTL, "la valise"!» La femme pousse un cri: «Ah! merde ...

– Vous n'écoutiez pas RTL?

– Je l'écoute toutes les semaines!

– Vous ne l'écoutiez pas ce matin.

– Non, mais toujours le samedi et le dimanche!

– Pas ce matin.

– Vous savez, j'ai eu du monde hier soir et ... Il y a mon petit garçon qui n'allait ...

– C'est dommage.»

La femme voudrait qu'on lui pardonne sa faute. Tant de rêve offert et retiré dans le même instant.

«Vous me promettez d'écouter RTL?

– Oh! oui, je vous promets!»

La communication s'interrompt. L'animateur annonce le titre de la prochaine chanson et le montant nouveau de «la valise» qui s'accroît avec chaque perdant.

Annie Ernaux, Journal du dehors, Gallimard 1993

un instantané: *Momentaufnahme;* **un/e animateur/-trice:** *Moderator;* **un/e auditeur/-trice:** une personne qui écoute une émission; **2 répandu/e:** *verbreitet;* **3 solliciter qc:** essayer d'obtenir qc; **8 le bottin:** *das amtliche Telefonbuch;* **8 afin que:** pour que; **8 le montant:** (*du verbe* monter) *Höhe;* **10 retenir qc:** *etw. behalten;* **13 solennel/le:** *feierlich;* **15 décrocher:** prendre l'écouteur d'un téléphone; **22 hésiter:** *zögern;* **26 soudain:** tout d'un coup; **27 enjoué/e:** jovial/e; **35 avoir du monde:** avoir des invités; **44 s'accroître:** grandir

Objectif langage

C *Vous pouvez apprendre à comprendre des mots inconnus.*

1. Quels mots connaissez-vous déjà qui pourraient vous aider à comprendre: «empocher» (l. 10), «le perdant» (l. 45), «assurée» (l. 15), «s'impatienter» (l. 23)? Expliquez chacun de ces mots: vous pouvez donner un synonyme, un mot de sens contraire ou une explication (→ Lecture détaillée, p. 168).
2. À partir de quels verbes sont formés les noms suivants: le gagnant, l'ignorant, le participant, le passant, le remplaçant? Utilisez ces verbes pour expliquer les noms.

D *Vous pouvez réviser le gérondif.*

1. Une phrase du texte contient deux gérondifs. Retrouvez-la et traduisez-la. Comment avez-vous traduit les gérondifs?
2. À votre avis, qu'est-ce qu'une chaîne de radio peut faire pour solliciter l'écoute d'un grand public? Trouvez un maximum d'exemples et utilisez le gérondif. Exemple: «Elle peut solliciter l'écoute en proposant des jeux ...»

Créativité

1. Formez des groupes et imaginez un jeu radiophonique. Expliquez son fonctionnement à vos camarades.
2. À votre avis, que va faire et dire Mme Lefebvre après avoir raccroché? Notez vos idées. Puis écrivez une suite du texte à partir de «La communication s'interrompt.» (l. 42) en parlant de Mme Lefebvre.
3. «Tant de rêve offert et retiré dans le même instant.» (l. 38). Imaginez d'autres situations où on pourrait employer cette phrase.

Pour aller plus loin

Actuellement, il existe en France:
- un organisme national (Radio France) financé par l'État et la redevance. Il comprend différentes radios (France-Inter, France-Info, France Musique et quelques stations locales);
- des radios privées (RTL, Europe 1, Europe 2, NRJ, Fun radio, Skyrock ...) qui se financent en grande partie par la publicité.

Beaucoup de radios sont spécialisées sur certains thèmes ou une certaine musique. France-Info, p. ex., présente surtout des informations. NRJ est la radio préférée des jeunes à cause de son programme musical. Actuellement, RTL est la station la plus écoutée en France. En 1995, toutes les radios sont obligées de passer au moins 40% de musique française.

la redevance: *Rundfunkgebühren*

L'utilisation des médias (par jour)

La télévision (2)

Approches

Lundi 10 mars

TF 1

20.00
Journal

20.50
Perdu de vue
Magazine présenté par Jacques Pradel
Appel. Pierre veut retrouver son fils, Jerémy, huit ans, prisonnier d'une secte. **Es-tu toujours vivant?** Depuis un ans, Laurent, ingénieur a disparu.

22.55
Comme un lundi!
Magazine. Présenté par Ch. Dechavanne. Pour connaître le thème et les invités, appelez notre «Téléphone plus» 36 68 68 78

FRANCE 2

20.00
Journal, météo

20.55
La patience de Maigret
Policier français d'A. Kostenko (1992) avec Bruno Cremer
Le commissaire Maigret cherche à mettre sous les verrous une bande de voleurs spécialisées dans le vol de bijoux.

22.40
Taratata
Variétés. A. Kazan présente Kali avec son nouveau CD.

FRANCE 3

20.15
Mr. Bean

20.50
Inspecteur Derrick: Paix intérieure
Série policière allemande. Avec Horst Tappert
Lore Kargus appelle son frère Ralf pour lui dire qu'il lui est arrivé quelque chose de terrible. Ralf se précipite chez sa sœur …

21.55
Un cas pour deux: L'argent sale
Série policière allemande. Avec Rainer Hunold (maître Franck) et Claus Theo Gärtner (Matula).

CANAL +

20.15
Football: Lens/Lille
En direct. 26e journée du championnat de France

22.30
Flash d'informations

22.40
Forrest Gump
Comédie américaine de R. Zemeckis (1994). Avec Tom Hanks
Un simple d'esprit est le véritable héros caché de la récente histoire américaine.

ARTE

20.30
Journal

20.40
Soirée thématique
L'Alsace: Entre la France et l'Allemagne

20.55
Le voyage en Alsace d'un Français de l'intérieur
Documentaire. Réalisé par F. Compain en 1996
Quand un cinéaste parisien descend de la ligne bleue des Vosges, c'est pour s'entendre dire, dès les premiers villages alsaciens traversés, qu'il est un Français de l'intérieur. Les Alsaciens seraient-ils donc des Français de l'extérieur?

1. Retrouvez-vous des émissions que vous connaissez de la télévision allemande? Lesquelles?
2. Quels sont vos programmes préférés à la télé? Pourquoi?
3. Y a-t-il des émissions que vous regardez régulièrement ou que vous ne regardez jamais? Expliquez pourquoi.

Objectif lecture

A *Formuler des hypothèses sur un texte et les comparer au contenu*

1. Notez les questions et réactions que le titre vous inspire. D'après vous, de quoi va parler ce texte? Notez vos idées.
2. Cherchez dans le texte les réponses aux questions suivantes: De quel type d'émission s'agit-il? Qui sont les participants? Quel est l'avantage de ces émissions pour le producteur?
3. Dans le texte, on présente deux émissions: «Perdu de vue» de Jacques Pradel et «La nuit des héros». Retrouvez les passages qui s'y rapportent et décrivez le contenu de ces émissions.
4. Trouvez la phrase du texte qui se réfère au titre. Trouvez-vous le titre bien choisi? Pourquoi?

B *Comprendre un texte et analyser son style*

1. Lisez le texte, relevez les mots-clés (→ Méthodes, p. 168). Utilisez ces mots-clés pour dire de quoi parle le texte.
2. Relevez dans le texte les mots ou les phrases qui signifient:
   L'émission concerne les gens qui sont proches de vous. – Elle a du succès et elle est très économique. – On a trouvé le type d'émission idéal pour augmenter l'audience. – Félicitations!
   Quelle différence de style y a-t-il entre ces phrases et celles du texte?
3. À votre avis, le journaliste est-il pour ou contre ce type d'émission? Justifiez votre réponse.

PLEUREZ, VOUS ÊTES FILMÉ!

C'EST L'HISTOIRE DE VOTRE VOISIN DE PALIER OU DE VOTRE TONTON. LA TÉLÉ ENTRE CHEZ EUX, ELLE DÉBALLE LEUR VIE, LEURS CHAGRINS, LEURS AMOURS, LEURS DÉLITS ... DEVANT LES MILLIONS DE TÉLÉSPECTATEURS. ÇA MARCHE, ET ÇA NE COÛTE RIEN.

Le principe est simple: vous n'avez plus de nouvelles de votre fils, de votre vieille tante, de votre ex-amant. La télé est là, elle va (peut-être) vous les retrouver. Jacques Pradel passera en tout cas votre appel déchirant. L'émotion, moteur essentiel du show, est là. Les larmes aussi, de vraies larmes, pas celles d'une comédienne dans une fiction.

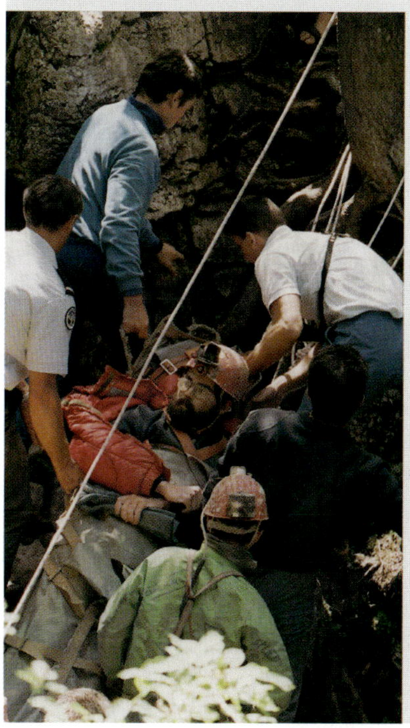

À partir de 1991 le «reality show» est sur les rails, rien ne peut l'arrêter. Les patrons de chaînes sont persuadés d'avoir trouvé l'arme fatale pour faire de l'audience. La télévision publique n'est pas en reste. «La nuit des héros» s'installe avec succès à Antenne 2 à la rentrée 1991: on découvre qu'un tel a sauvé un gosse de la noyade ou que tel autre a miraculeusement échappé à la mort, coincé dans la porte automatique de son garage. Sonnez trompettes, Laurent Cabrol vous transforme Mme Michu ou M. Dupont en star d'un soir.

Phospore 29/1993

1 le voisin de palier: le voisin qui habite au même étage; **2 le tonton** *fam.:* l'oncle; **3 déballer qc** *fam.: etw. auspacken;* **3 le chagrin:** *Kummer;* **4 le délit:** le crime; **11 Jacques Pradel:** journaliste animateur de l'émission «Perdu de vue»; **13 déchirant/e:** très émouvant/e; **18 le rail:** *Gleis;* **20 ne pas être en reste:** savoir répliquer, être assez fort pour trouver une solution; **21 Antenne 2:** chaîne télévisée publique, maintenant «France 2»; **22 un tel, une telle:** (*de* tel/le), une personne quelconque, *Herr/Frau Soundso;* **22 un/e gosse** *fam.:* un/e enfant; **23 la noyade:** *Ertrinken;* **23 miraculeusement:** par miracle; **24 coincé/e:** *eingeklemmt;* **25 Laurent Cabrol:** journaliste animateur de «reality show»; **25 Mme Michu, M. Dupont:** noms propres qui font un peu ridicule (Mme Michu) ou très banal (M. Dupont) pour désigner un/e Français/e moyen/ne

Objectif langage

C *Le langage de l'émotion: Vous pouvez élargir votre vocabulaire.*

1. Relevez dans le texte tous les mots qui désignent ou qui décrivent une émotion.
2. Complétez cette liste par d'autres mots que vous connaissez.
3. Classez ce vocabulaire en imaginant p. ex. des situations dans lesquelles on pourrait éprouver ou manifester ces émotions.

D *Vous pouvez revoir les formes et l'emploi de l'article.*

1. Testez vos connaissances en complétant ce texte:
   «Il y a beaucoup [?] émotion dans cette émission, il y a [?] gens qui pleurent, il y a [?] larmes, [?] vraies larmes. Dans «Perdu de vue» j'ai vu un enfant qui a eu [?] chance. Il a retrouvé son père, et une femme qui, elle, n'a pas eu [?] chance. Elle n'a pas retrouvé son fils. Elle n'a plus [?] nouvelles de lui depuis un an. L'émotion est le moteur de [?] émission, le moteur [?] spectacle donné, le moteur [?] émissions de «reality show» en général.»
2. Relevez les articles partitifs dans cet exercice et donnez cinq autres exemples pour l'utilisation du partitif.

Écriture

Le commentaire (→ Méthodes, p. 106)
Faites un commentaire critique de cet article:

1. Résumez son contenu. Pour ceci utilisez un langage neutre.
2. Commentez son style et montrez le caractère subjectif de cet article.
3. Rédigez une conclusion de trois à quatre lignes qui exprime votre avis sur le texte.

Pour aller plus loin

Les principales chaînes télévisées

TF1: ancienne chaîne publique privatisée en 1987. C'est la chaîne qui a la plus grande audience.

France 2: la plus grande chaîne publique.

France 3: chaîne publique avec un programme national et surtout régional (25 stations régionales réparties dans le pays). France 3 propose un grand programme culturel.

Arte: chaîne culturelle franco-allemande qui propose le même programme dans les deux pays.

Canal+: première chaîne privée lancée en 1984. C'est une chaîne à péage à laquelle il faut s'abonner et pour laquelle il faut un décodeur.

M6: cette chaîne privée, d'abord musicale, offre maintenant un programme varié (émissions musicales, variétés, films).

TV5: chaîne francophone qu'on peut capter par câble en Europe, en Afrique du Nord et au Canada. Elle réunit des chaînes françaises (TF1, France 2 et France 3), belges, suisse et québécoise et est financée par ces chaînes.

Y a-t-il des chaînes allemandes que l'on pourrait comparer à ces chaînes françaises? Lesquelles?

La télévision (3)

Écoutez d'abord la chanson.

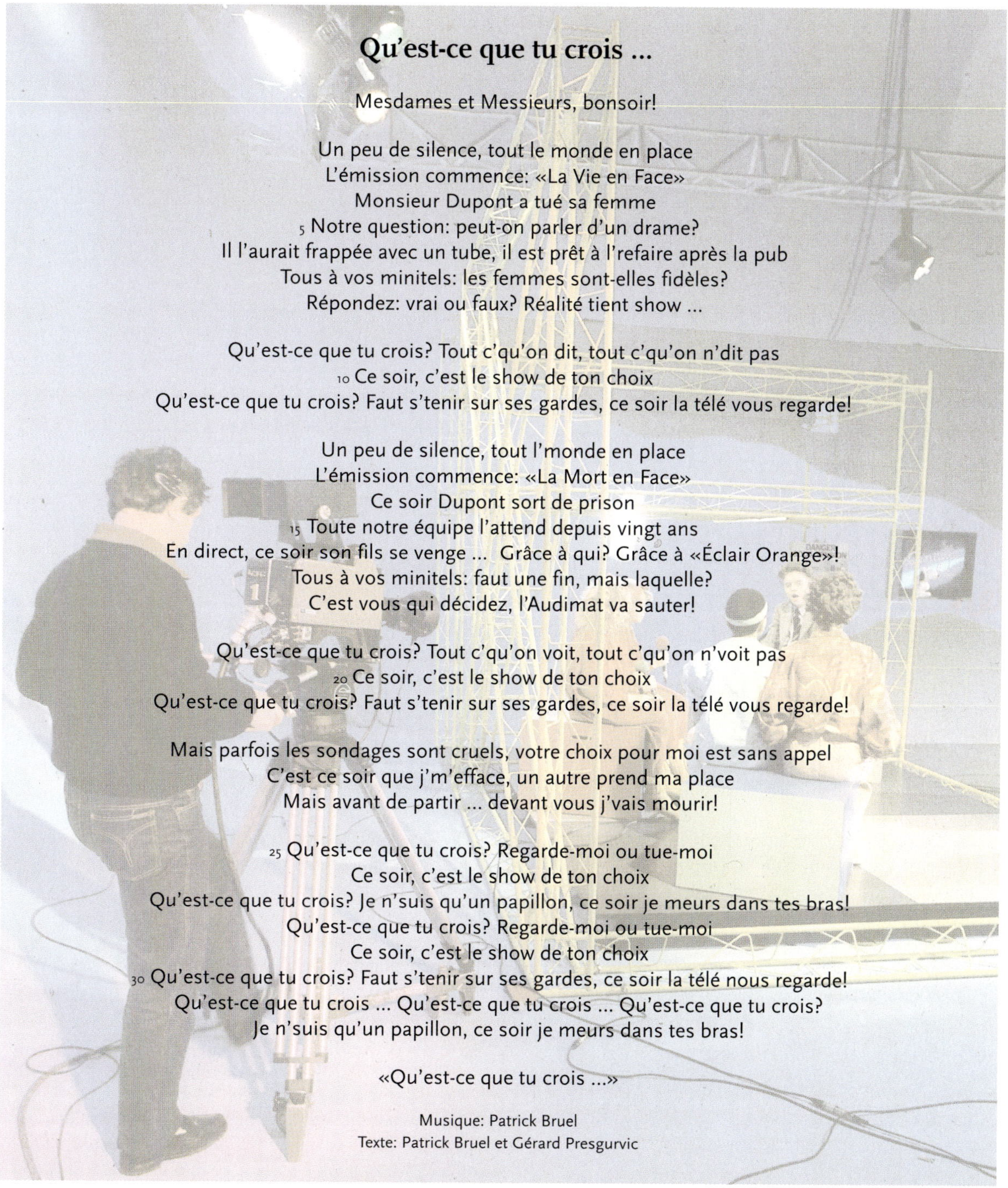

Qu'est-ce que tu crois ...

Mesdames et Messieurs, bonsoir!

Un peu de silence, tout le monde en place
L'émission commence: «La Vie en Face»
Monsieur Dupont a tué sa femme
Notre question: peut-on parler d'un drame?
Il l'aurait frappée avec un tube, il est prêt à l'refaire après la pub
Tous à vos minitels: les femmes sont-elles fidèles?
Répondez: vrai ou faux? Réalité tient show ...

Qu'est-ce que tu crois? Tout c'qu'on dit, tout c'qu'on n'dit pas
Ce soir, c'est le show de ton choix
Qu'est-ce que tu crois? Faut s'tenir sur ses gardes, ce soir la télé vous regarde!

Un peu de silence, tout l'monde en place
L'émission commence: «La Mort en Face»
Ce soir Dupont sort de prison
Toute notre équipe l'attend depuis vingt ans
En direct, ce soir son fils se venge ... Grâce à qui? Grâce à «Éclair Orange»!
Tous à vos minitels: faut une fin, mais laquelle?
C'est vous qui décidez, l'Audimat va sauter!

Qu'est-ce que tu crois? Tout c'qu'on voit, tout c'qu'on n'voit pas
Ce soir, c'est le show de ton choix
Qu'est-ce que tu crois? Faut s'tenir sur ses gardes, ce soir la télé vous regarde!

Mais parfois les sondages sont cruels, votre choix pour moi est sans appel
C'est ce soir que j'm'efface, un autre prend ma place
Mais avant de partir ... devant vous j'vais mourir!

Qu'est-ce que tu crois? Regarde-moi ou tue-moi
Ce soir, c'est le show de ton choix
Qu'est-ce que tu crois? Je n'suis qu'un papillon, ce soir je meurs dans tes bras!
Qu'est-ce que tu crois? Regarde-moi ou tue-moi
Ce soir, c'est le show de ton choix
Qu'est-ce que tu crois? Faut s'tenir sur ses gardes, ce soir la télé nous regarde!
Qu'est-ce que tu crois ... Qu'est-ce que tu crois ... Qu'est-ce que tu crois?
Je n'suis qu'un papillon, ce soir je meurs dans tes bras!

«Qu'est-ce que tu crois ...»

Musique: Patrick Bruel
Texte: Patrick Bruel et Gérard Presgurvic

6 le tube: *Rohr, (auch) Schlager;* **7 fidèle:** *treu;* **8 réalité tient show:** jeu de mot basé sur «reality show», c'est la réalité qui sert de show; **11 se tenir sur ses gardes:** être prudent, faire attention; **16 (une émission) en direct:** *Live(sendung);* **16 se venger:** *sich rächen;* **16 grâce à:** *dank;* **16 Éclair Orange:** une émission fictive; **18 l'audimat** *m.*: l'audience, le nombre de téléspectateurs; **18 l'audimat va sauter:** l'audimat va atteindre un nouveau record; **22 cruel/le:** *grausam;* **22 sans appel:** définitif/-ive; **23 s'effacer:** *ici* disparaître; **26 le papillon:** *Schmetterling*

A *Donnez votre premier avis sur la chanson. Vous pouvez utiliser:*

Je trouve la musique	violente. lente. douce. mélancolique. rapide. harmonieuse. agressive.

À mon avis, l'orchestration	est	trop (pas) assez	complexe. sobre. bruyante.
	couvre les paroles.		

Le chanteur a une voix	trop (pas) assez	douce. forte. expressive. haute. grave. éraillée. tendre.

Les paroles sont	difficiles à comprendre.	
	trop (pas) assez	critiques. intéressantes. simples.

sobre: *nüchtern;* **bruyant/e:** qui fait beaucoup de bruit; **éraillé/e:** *heiser*

Objectif compréhension

B *Comprendre le texte de la chanson*

1. De quel type d'émission parle la chanson?
2. Racontez l'histoire de M. Dupont et de sa famille. Traduisez la phrase: «Il l'aurait frappée avec un tube ...» (l. 6).
3. Décrivez la situation de communication dans cette chanson: Qui parle? À qui?
4. À votre avis, que se passe-t-il dans la dernière strophe?

C *Comparer la chanson au texte «Pleurez, vous êtes filmé»*

1. Voici des phrases du texte «Pleurez ...». Retrouvez dans la chanson des passages qui les illustrent:
   «C'est l'histoire de votre voisin de palier.»
   «La télé entre chez eux, elle déballe leur vie.»
   «L'émotion, moteur essentiel du show.»
   «L'arme fatale pour faire de l'audience.»
2. L'article présente le point de vue du journaliste. Et la chanson?
3. La chanson apporte-t-elle de nouveaux aspects du problème? Justifiez votre réponse.
4. Lequel des deux textes va plus loin dans sa critique? Justifiez votre réponse à l'aide d'exemples.

Jeu de rôle

On demande à un/e ami/e de présenter une époque douloureuse de sa vie dans un «reality show». Doit-il/elle accepter? Discutez avec lui/elle le pour ou le contre.

L'ordinateur (1)

Approches

Retrouvez dans le texte «Parcours d'un cybermôme» le vocabulaire de l'ordinateur. Exemple: «Utiliser une souris.»

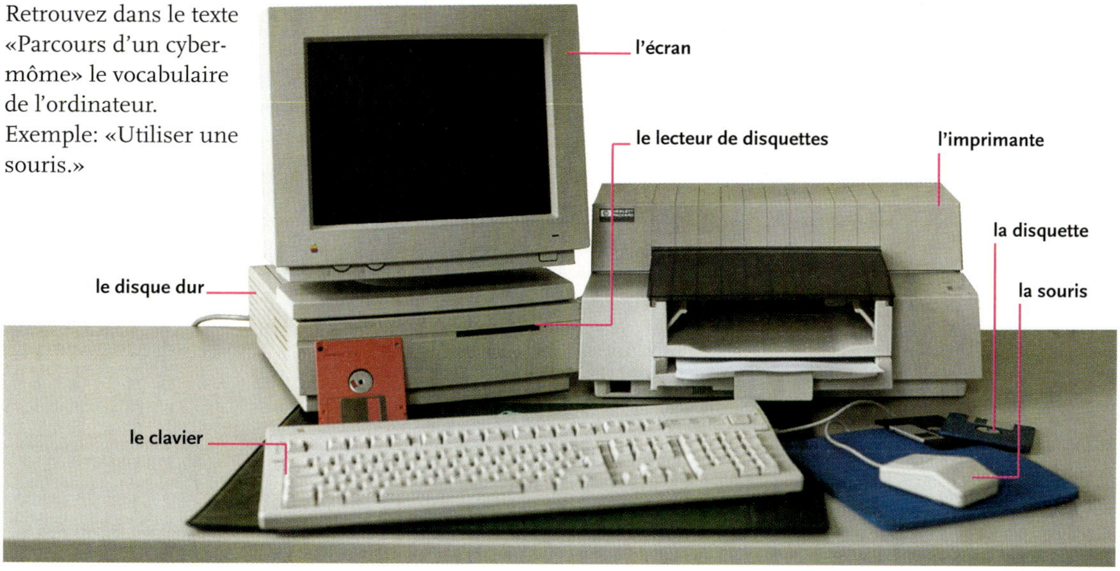

Objectif lecture

A/B *Lisez le texte et résumez-le* (→ Méthodes, p. 105).

Parcours d'un cybermôme

VALENTIN, 8 ANS «MAÎTRE DES ORDINATEURS»

À l'âge de 2 ans, Valentin s'est mis au Macintosh. Il utilisait la souris, il savait cliquer, ouvrir, fermer les fenêtres, balader son curseur sur l'écran … À 2 ans et demi, il explorait les possibilités des applications Hypercard.

À 3 ans et demi, Valentin allumait tout seul l'ordinateur, il savait lancer une application depuis le menu «Pomme» et éteindre le Mac en sélectionnant correctement l'item «Éteindre» du menu «Rangement». À 4 ans et demi, il maîtrisait parfaitement le logiciel du dessin. À 5 ans, il utilisait son premier CD-ROM. À 6 ans et demi, il programmait en Logo, langage informatique graphique. À 7 ans et demi, notre cybermôme allumait l'ordinateur sitôt levé et ne l'éteignait qu'au moment de se coucher. Il savait confectionner des documents, modifier leur présentation, utiliser le traitement de texte et organiser son disque dur.

Âgé de 8 ans, Valentin se passionne maintenant pour les logiciels de gestion d'environnement comme Simcity, Simant, Warlord. Il se met à Internet …

Qu'en dit l'heureux papa? «Dès la maternelle, Valentin se levait plus tôt pour pouvoir jouer avec son Mac avant d'aller à l'école. On a eu peur qu'il ne se referme que sur lui-même, on l'a freiné en le poussant à s'extérioriser. Mais, au bout du compte, on constate que l'usage précoce de l'ordinateur a développé sa capacité à résoudre tout seul des problèmes. Pour surmonter les difficultés, il fait preuve d'une imagination étonnante. Les deux premières années de maternelle ont été difficiles. Il y avait un trop gros décalage avec les méthodes d'éducation traditionnelle, Valentin s'ennuyait. Il ne parlait que de son ordinateur, dans la cour de récréation, il simulait ses jeux d'aventures sur CD-ROM. Aujourd'hui, Valentin entre en CE 2. Son point fort, ce sont les maths, mais il a un problème: il écrit très mal, il préfère taper sur le Mac. Ses camarades l'appellent ‹le maître des ordinateurs› ...»

L'Événement du Jeudi, 21–27 sept. 1995

le/la môme *fam.*: l'enfant; **3 se mettre à qc**: commencer à faire qc; **4 explorer qc:** *etw. erforschen;* **4 les applications Hypercard:** *ein Datenbankprogramm;* **7 le menu «Pomme»:** *Apfel-Menü, Befehlsliste beim Apple-Computer;* **7 éteindre qc:** *ici etw. beenden;* **7 le menu «Rangement»:** *das Menü „Ablage";* **8 maîtriser qc:** *etw. beherrschen;* **8 le logiciel:** *Software;* **11 sitôt:** aussitôt; **13 le traitement de texte:** *Textverarbeitung;* **15 un logiciel de gestion d'environnement:** *Umweltsimulationsprogramm;* **20 se refermer sur qn/qc:** *sich vor jdm/etw. verschließen;* **20 freiner qn:** *jdn bremsen;* **21 s'extérioriser:** *aus sich heraus gehen;* **21 au bout du compte:** *letztendlich;* **22 précoce:** *frühzeitig;* **26 le décalage:** *Abstand;* **29 le CE 2:** le Cours Élémentaire 2, la troisième année à l'école primaire

Objectif langage

C *Vous pouvez revoir les utilisations de l'imparfait.*

1. Relisez les différentes étapes de la biographie de Valentin. Notez les points de repères (à l'âge de 2 ans, etc.) et ses activités habituelles. Expliquez l'utilisation des temps.
2. Expliquez l'emploi du passé composé (l. 1) et du présent (l. 15).
3. Voilà la carrière de Pénélope, une autre cybermôme. Formulez sa biographie à partir des mots-clés donnés et écrivez le texte dans votre cahier. Utilisez les temps du passé.
   Pénélope, actuellement 5 ans et demi:
   2 ans: regarde son frère Valentin jouer avec son ordinateur;
   2 ans et demi: grimpe sur la chaise, allume le Mac;
   quelques semaines plus tard: installe son CD-ROM préféré;
   3 ans: ____ ;
   Continuez jusqu'à l'âge de 5 ans.

D *Vous pouvez revoir les négations.*

1. Relisez le texte et relevez toutes les négations.
2. Reformulez les phrases avec «ne ... que» en utilisant «seulement».
3. Faites une liste des négations que vous connaissez et illustrez l'emploi de chaque forme par un exemple.
4. À l'école, il y a des choses que Valentin fait toujours et d'autres qu'il ne fait jamais. Imaginez et utilisez des phrases avec des négations et «ne ... que».
   Exemple: «Valentin ne joue jamais avec ses camarades.»

Discussion

1. Relisez le dernier paragraphe. Relevez les côtés positifs et négatifs du développement de Valentin. Puis, prenez position: Valentin est-il un enfant surdoué ou un enfant déformé?
2. Comment réagiriez-vous si vous étiez le père / la mère de Valentin?

Créativité

Imaginez Valentin à votre âge et à vingt-cinq ans.

L'ordinateur (2)

Objectif lecture

A *Comprendre le texte et l'opinion de l'auteur*

1. Trouvez dans le texte des phrases qui montrent que:
   – l'enseignement par ordinateur est déjà répandu;
   – l'école de demain, c'est l'école à la maison;
   – l'enseignement par ordinateur permet de tenir compte des difficultés de chaque élève;
   – travailler avec un ordinateur ne signifie pas forcément travailler seul.
2. Le texte est-il plutôt pour ou contre l'enseignement par ordinateur? Justifiez votre réponse.

B *Organiser un débat sur le thème «L'école de demain»*

1. Lisez le texte et notez pour chaque paragraphe les arguments en faveur de l'enseignement par ordinateur.
2. En partant du texte, essayez d'imaginer à quoi pourrait ressembler l'école de demain. Notez toutes vos idées.
3. Reportez-vous à la page 53 et préparez le débat comme indiqué.

L'école de demain

Selon une étude Sofres, 30% des enfants ressentent le besoin d'utiliser l'ordinateur pour obtenir de meilleures notes à l'école!
À quand l'école à la maison? Aux États-Unis, 500 000 enfants ont déjà troqué leur professeur contre un ordinateur «at home» connecté à Internet. Leurs parents appartiennent à la Home School Legal Defence Association (l'association de défense de l'enseignement à domicile) qui recrute parmi les classes moyennes. Les raisons de cet engouement: des établissements privés hors de prix et la faillite du système éducatif public gangrené par la violence et un taux d'échec record. Devant l'ampleur du phénomène, trente-quatre États américains ont dû légaliser ce type d'enseignement.
Philippe Ulrich, responsable de Cryo: «L'école à la maison, j'y crois. J'ai un gamin qui entre en

sixième et qui, grâce à ADI, a descendu le programme en quatre mois. Du coup, six de ses copains ont acheté le logiciel. Ils révisent les maths et le français en organisant entre eux des compétitions, ils y passent autant de temps que sur n'importe quel jeu. Pour eux, c'est le même univers! Le soir, les autres parents m'appellent et me demandent des conseils pour acheter un ordinateur. Le fait de créer son environnement puis d'y être autonome, c'est le même concept que la cabane d'Indiens au fond du jardin; sauf que là, ce que l'on construit, c'est un espace virtuel de connaissances.»
Une fois l'ordinateur connecté à un réseau type Internet, les cours sont actualisés en temps réel, les exercices corrigés en direct, votre enfant a accès à des bases de données multimédias ... Par claviers interposés, il dialogue avec des professeurs ou des correspondants étrangers. Le mois prochain, Infogrames, leader français de l'édition multimédia, lance un serveur baptisé Infonie qui comprendra une rubrique «Éducation».
«Au lieu de rester tout seul le soir dans sa chambre à buter sur un exercice de maths, l'enfant aura à demeure un professeur qui pourra lui réexpliquer la leçon», explique Gilles Lioret, en charge du projet.

L'Événement du Jeudi, 21–27 sept. 1995

1 **Sofres:** *französisches Meinungsforschungsinstitut;* 1 **ressentir qc:** *etw. empfinden;* 5 **troquer qc:** échanger qc; 6 **connecté/e:** relié/e; 10 **recruter:** *ici* avoir ses partisans; 11 **l'engouement** *m.*: l'enthousiasme; 12 **hors de prix:** très cher/-ère; 12 **la faillite:** l'échec; 13 **gangrené/e:** *ici* corrompu/e; 13 **le taux:** *Rate*; 14 **l'ampleur** *f.*: l'importance; 17 **Cryo:** une entreprise privée qui produit des logiciels; 18 **le gamin** *fam.*: l'enfant; 19 **ADI:** (Accompagnement Didacticiel Intelligent), *ein Schulprogramm;* 19 **descendre un programme:** *einen Lernstoff bewältigen;* 28 **le concept:** l'idée; 29 **la cabane:** *Hütte;* 29 **sauf que:** *außer dass;* 30 **virtuel/le:** le contraire de réel/le; 34 **avoir accès à qc:** *Zugang zu etw. haben;* 36 **les claviers interposés:** *dazwischengeschaltete Tastaturen;* 39 **le serveur:** *Server;* 39 **baptiser qn/qc:** donner un nom à qn/qc; 43 **buter sur qc:** *ici* avoir des difficultés avec qc; 44 **à demeure:** à la maison; 45 **en charge de qc:** responsable de qc

Objectif langage

C *Vous pouvez réviser le futur simple.*

1. Relevez dans le texte toutes les formes au futur simple. Indiquez l'infinitif de chacun des verbes.
2. Expliquez la formation du futur simple.
3. Imaginez l'école de demain. Utilisez le futur.
   Exemple: «Chaque élève aura son ordinateur.»

D *Vous pouvez revoir l'emploi des pronoms «y» et «en».*

1. Reformulez les phrases suivantes sans utiliser le pronom «y»:
   «L'école à la maison, j'y crois» (l. 17) – «ils y passent autant de temps que sur n'importe quel jeu» (l. 23) – «le fait de créer son univers puis d'y être autonome» (l. 27).
2. Pour quels compléments utilise-t-on le pronom «y»? Et «en»?
3. Complétez par «en» ou «y»:
   Valérie a un ordinateur depuis l'âge de 6 ans. Elle s'[?] sert tous les jours, elle [?] passe des heures ... «Pour mes parents, c'est un problème: ils ont grandi sans ordinateur et ils ne comprennent pas qu'on puisse se passionner pour ces choses. Ma mère ne s'[?] intéresse pas du tout, mon père utilise l'ordinateur quand il [?] a besoin pour son travail. Moi, je suis dans un club. Je m'[?] suis inscrite avec ma copine quand on avait 8 ans. C'est bien. On est abonné à une revue, on échange des programmes et quand on a un problème d'ordinateur, on peut [?] parler avec des personnes compétentes.»

Créativité

1. Rédigez une annonce publicitaire pour l'enseignement à domicile. Cette annonce doit contenir des informations sur les possibilités et avantages de ce type d'enseignement et décider les parents à y inscrire leurs enfants.
2. Si vous n'êtes pas d'accord avec ce type d'enseignement, rédigez un tract pour mobiliser parents, élèves et professeurs à se prononcer contre l'enseignement à domicile.

La presse (1)

Approches

1. Cherchez dans un dictionnaire la définition des mots «quotidien», «hebdomadaire» et «mensuel» (→ Méthodes, p. 129). Quels quotidiens, hebdomadaires, mensuels allemands connaissez-vous?
2. Regardez ces journaux. À votre avis, quels quotidiens sont nationaux? régionaux? Quelles sont ici les revues spécialisées? Quelle est votre première impression en regardant les couvertures?

3. Regardez dans un dictionnaire (→ Méthodes, p. 130), puis traduisez:
Ce journal <u>est imprimé</u> à Paris. Le tirage est de 200 000 exemplaires. Il <u>tire à</u> 200 000 exemplaires. Il <u>paraît</u> tous les jours et il <u>est diffusé</u> dans toute la France.

Projet

Regardez les couvertures de quelques magazines allemands pendant deux ou trois semaines. Quels en sont les thèmes?
Si vous avez la possibilité de vous procurer des magazines français, notez les thèmes qui figurent sur les couvertures et comparez. Que pensez-vous de la phrase: «une énorme place est accordée aux problèmes de santé»?

Pour aller plus loin

Les principaux quotidiens et magazines (classés par nombre de lecteurs)

Quotidiens
- L'Équipe
- Le Monde
- Le Figaro
- Libération
- France-Soir

Magazines
- Télé 7 Jours
- Paris-Match
- Le Nouvel Observateur
- L'Express
- Le Point
- L'Événement du Jeudi

La presse (2)

Approches

Cherchez chacun/e dans la presse une photo que vous présenterez au groupe. Au cours de la présentation
– expliquez pourquoi vous avez choisi cette photo;
– commentez-la;
– imaginez la scène qui précède ou qui suit le moment où la photo a été prise.

Objectif lecture

A *Comprendre et analyser les photos de presse*

1. Décrivez la photo ci-contre:
   – les personnages, leur position, l'entourage
2. Imaginez:
   – le lieu;
   – ce que le photographe sur la photo est en train de photographier.
3. Commentez:
   Comment trouvez-vous cette photo? Vous choque-t-elle? Vous fascine-t-elle? Pourquoi?
4. Donnez un titre à la photo.
5. Quel peut être le rapport entre le titre de l'article et la photo?

B *Mettre en relation texte et image*

1. Regardez la photo et le titre de l'article. Formulez des hypothèses sur le contenu de l'article.
2. Lisez l'article: Où la photo a-t-elle été prise et par qui?
3. Quel événement a poussé le photographe à photographier son collègue?
4. Quels étaient ses scrupules avant de prendre la photo?
5. À la fin de l'article, deux photographes de presse énoncent deux points de vue différents sur leur métier. Formulez-les.

Comme des vautours

«Les hôtels, les campings, l'aéroport étaient bourrés de photographes et d'équipes de télévision», se souvient Jean-Michel Turpin, de l'agence Gamma. (...) Il y avait une densité incroyable de journalistes, et vraiment des cadavres et des mourants partout.»

C'est là que Jean-Michel Turpin prend cette photo terrible, peut-être plus terrifiante que toute autre parce qu'elle met en scène un adulte blanc et un enfant noir dans une relation insupportable et, même si ce n'est qu'une image, non dénuée de vérité.

«Au début, je ne voulais pas faire cette photo. Montrer un confrère dans ces conditions, c'était trop facile. Contrairement aux rédacteurs, qui peuvent se montrer plus discrets, nous autres, gens d'images, sommes obligés d'être très près de notre sujet, de le regarder en face. Nous prenons des positions forcément grotesques. Mais, ce jour-là, devant moi, un gosse vient s'agripper au pantalon d'un présentateur de télévision. Alors le type sort un autofocus et prend en gros plan ce gamin accroché à lui. Ce type, c'était un journaliste télé, un qui parle dans le micro, même pas un caméraman. Pour lui, cette image n'avait aucune utilité, aucune nécessité. C'était une simple photo souvenir. Comment peut-on vouloir un souvenir de ça? L'instant d'après, je vois un photographe presque assis sur un autre enfant. Il ne s'était sûrement pas rendu compte, mais là, c'était trop.»

«Au Rwanda plus qu'ailleurs, j'ai été confronté à la honte de faire ce métier, avoue Luc Delahaye, aujourd'hui à Magnum. La honte de s'arrêter devant quelqu'un, au bord de la route, de le voir agoniser et de faire une photo.» «De toute façon, corrige Albert Facelly, de Sipa, si l'on veut que nos photos servent à quelque chose, il faut qu'elles choquent les gens.»

Edgar Roskis, Génocide sans images, Le Monde diplomatique, août 1995

le vautour: un oiseau qui vit de cadavres, *Geier;* **2 bourré/e de:** plein/e de; **5 l'agence Gamma:** une agence de photos très connue; **6 la densité:** *Dichte;* **12 terrifiant/e:** qui fait très peur; **13 mettre en scène:** *in Szene setzen;* **16 insupportable:** *unerträglich;* **17 dénué/e:** sans; **21 le confrère:** le collègue; **29 forcément:** nécessairement; **31 un/e gosse** *fam.:* un/e enfant; **31 s'agripper à qn/qc:** se tenir avec les mains; **34 un autofocus:** un appareil photo; **34 le gros plan:** *Großaufnahme;* **35 accroché/e:** agrippé/e; **42 être confronté/e à qc:** se trouver face à qc; **42 la honte:** *Scham, Schande;* **43 Magnum:** une agence de photos très connue; **43 agoniser:** être en train de mourir **44 Sipa:** une agence de photos; **46 le génocide:** *Völkermord*

Objectif langage

C *Vous pouvez revoir les différentes possibilités de décrire des perceptions.*

1. Reformulez la phrase suivante en utilisant:
   une relative avec «qui», puis «être en train de».
   «Turpin a été confronté à la honte de voir quelqu'un agoniser.»
2. Reformulez les phrases suivantes en utilisant un infinitif:
   «On voit un photographe en train de prendre une photo. Jean-Michel Turpin regarde son collègue qui prend la photo. Il est presque assis sur un enfant, mais il ne le remarque pas. Turpin entend l'enfant qui pleure. Il sent la colère qui monte en lui.
   Il voit l'enfant qui souffre. Alors, il sort son appareil photo et prend cette terrible photo.»
3. Choisissez une photo ou une caricature de ce dossier et décrivez-la.
   Utilisez si possible les structures:

voir qn	+ *infinitif*
regarder qn	
entendre qn	qui + *relative*
écouter qn	
sentir qc	en train de + *infinitif*

D *Vous pouvez réviser les possibilités de donner des recommandations.*

1. Par quelles autres expressions pourrait-on remplacer «il faut que», dans la phrase suivante? Trouvez encore deux ou trois alternatives et reformulez la phrase:
   «Si l'on veut que nos photos servent à quelque chose, il faut qu'elles choquent les gens.»
   Exemple: il faut que → devoir:
   «Si l'on veut que nos photos servent à quelque chose, elles doivent choquer les gens.»
2. Notez toutes les qualités d'un photographe de presse. Par exemple:
   être plus rapide que les autres / ne pas avoir de scrupules / être toujours présent / aimer le danger / ne pas être trop sensible ...
3. Un photographe de presse parle de son métier:
   «Si l'on veut réussir dans ce métier ...» Continuez.
   Pour cela utilisez toutes les expressions que vous avez notées en 1 et tous les éléments de 2.
   Par exemple: «Si l'on veut réussir dans ce métier, on doit être plus rapide que les autres / il faut qu'on soit plus rapide que les autres.»

Discussion

1. Trouvez des exemples qui illustrent les deux citations suivantes:
   «la honte de faire ce métier» (l. 42) et «Si l'on veut que nos photos servent à quelque chose, il faut qu'elles choquent les gens.» (l. 44).
   Que pensez-vous de cette dernière phrase?
   À votre avis, est-ce que tout est permis dans la photographie de presse?
2. En France, il existe une charte des journalistes de la télévision. Dans cette charte, les journalistes ont fixé ce qui est permis et ce qui ne devrait pas être permis dans l'exercice de leur métier.
   Établissez une charte des photographes de presse.

Créativité

Choisissez un sujet d'actualité ou un sujet qui se rapporte à votre école et écrivez un article de journal sur ce sujet.
Pour cela reportez-vous aux pages 77–78 qui vous indiquent comment faire un journal.

Vocabulaire thématique

La radio / la télévision

allumer éteindre	la radio le téléviseur / la télé *(fam.)*	

un téléviseur avec	un	grand petit	**écran**	*ein Bildschirm*
	une **télécommande**			*eine Fernbedienung*

écouter regarder **diffuser**	une émission (en direct) un feuilleton un film (télévisé) une série les informations		*ausstrahlen*
	de la musique	classique/pop	
	du rap/jazz/techno		

Le film passe	à 20 heures 30. sur TV5.

une émission a	une **forte écoute** une **grande audience**	*viele Zuhörer* *viele Zuschauer*

passer	un film	à la télé	
enregistrer	un film	avec un magnétoscope	
transmettre en direct	une émission / un match		*direkt übertragen*

choisir	son programme	
capter	une chaîne par câble un programme par satellite	*empfangen*

être câblé/e — *verkabelt sein*

Les chaînes	publiques privées	se financent	de plus en plus exclusivement	par la publicité.
		veulent faire de l'audience.		

Les auditeurs Les téléspectateurs	sont attirés par les reality shows. adorent les jeux. sont trop passifs. se laissent influencer par ...

Le/La présentateur/-trice interroge	le correspondant à l'étranger. le reporter sur place.

La presse

C'est un journal	national régional	qui paraît à	Paris. Bordeaux.

Il s'adresse | à des jeunes de 15 à 18 ans. / à des amateurs de ... / au grand public.	
être abonné/e à / s'abonner à / lire | un quotidien / hebdomadaire / mensuel / magazine; une revue spécialisée sur ...	
publier / imprimer / **rédiger** | un article sur ...	*schreiben, redigieren*
avoir un tirage (peu) **élevé**	*eine hohe Auflage haben*
tirer à 100 000 exemplaires	*eine Auflage von 100.000 Exemplaren haben*
Cette nouvelle **fait la une** de tous les journaux.	*auf der ersten Seite stehen*
L'éditorial / Cet article | parle de ... / commente ... / discute ... / **s'étend sur deux colonnes.**	*zwei Spalten umfassen*
Les **gros titres** doivent attirer les regards.	*die Schlagzeilen*
Je lis surtout | la rubrique «Société» / les **brèves** / les **faits divers.**	*die Kurzmeldungen / das Vermischte*
Le/La journaliste | **mène une enquête.** / interroge les témoins. / fait un reportage sur ...	*etwas recherchieren*
Le/La photographe de presse | prend des photos sur le vif. / **va sur les lieux.**	*sich vor Ort begeben*

L'ordinateur

Mon ordinateur **est connecté à** Internet.	*angeschlossen sein*
Cela **me donne accès à** / Avec cela, j'ai accès à | toutes sortes d'informations. / des **banques de données.**	*Zugang haben zu* / *Datenbanken*
engranger | un programme sur le **disque dur**	*installieren / die Festplatte*
sauvegarder | des données	*sichern*
sélectionner | un item / un menu	*auswählen*
ouvrir / fermer | une fenêtre	
taper sur le **clavier**	*die Tastatur*
appuyer sur une touche	*auf eine Taste drücken*
travailler avec / utiliser | un **traitement de texte**	*eine Textverarbeitung*
acheter un **logiciel** | de maths / de traitement de texte ...	*eine Software, ein Programm*

Projet: Réaliser un article de journal

Avant d'écrire l'article

1. Choisir le sujet

Cela peut paraître banal, mais avant de commencer, il faut savoir sur quoi on veut écrire. Veut-on présenter un événement (par exemple, un accident qui a eu lieu à l'école), parler d'un problème concret (par exemple, la circulation devant l'école), faire la critique d'un spectacle (par exemple, parler d'un film qu'on voudrait recommander, etc.? C'est en fonction du sujet qu'on choisira la forme de l'article (→ «Les genres journalistiques»).

2. Choisir le genre journalistique

On peut traiter une information de différentes manières. Généralement, c'est en fonction du sujet qu'on choisit le type de l'article. Voici quelques «genres» qu'on retrouve dans pratiquement tous les journaux:
La brève C'est un article très court sur un fait d'actualité. Il donne en un minimum de mots des réponses à ces quatre questions centrales: qui? quoi? quand? où?
Le compte rendu Il présente un fait ou un événement auquel le journaliste a assisté. Le compte rendu ne s'intéresse qu'aux faits et essaie d'être absolument objectif. Le journaliste ne fait aucun commentaire personnel et ne donne aucune interprétation des événements. Au lecteur de tirer les conclusions. Le compte rendu peut cependant contenir des citations (entre guillemets) ou une description des lieux.
Le reportage Pour faire un reportage, le journaliste doit, comme pour un compte rendu, se rendre sur les lieux. Mais à la différence du compte rendu, le journaliste peut prendre position. Ses réactions personnelles et ses commentaires doivent néanmoins être marqués comme tels. Un reportage vivant donne non seulement des informations, mais décrit aussi l'ambiance (les sons, les lumières, les odeurs ...).
L'encadré C'est un court article, entouré d'un cadre (d'où son nom) qui peut, par exemple, accompagner un reportage et qui présente un aspect complémentaire du sujet: un portrait, une interview, des statistiques ...
Le commentaire Le journaliste prend position sur un fait ou un problème. L'auteur du commentaire s'engage moralement pour ce qu'il dit.
La critique Le journaliste exprime son opinion sur un spectacle (cinéma, théâtre, concert ...), sur une émission (de télé, de radio) ou sur un livre. Une critique est toujours subjective. Cependant comme elle doit être plausible, le journaliste ne se contentera pas seulement d'émettre un jugement de valeur mais donnera des exemples fondés.
L'interview C'est la transcription d'un entretien avec une personnalité ou le témoin d'un événement. La transcription se base en général sur un enregistrement et comprend les questions et les réponses les plus intéressantes. Normalement, on ne transcrit pas les hésitations et on reformule les réponses pour les rendre plus «lisibles».

Écrire l'article

1. Choisir un aspect du sujet

Dans un article, on ne peut pas traiter tous les aspects d'un sujet. Il faut donc en choisir un. Ainsi, si on veut parler de la pollution, on peut par exemple choisir les thèmes suivants: les maladies dues à la pollution, le nombre croissant d'élèves qui arrivent avec leur propre voiture à l'école, etc.

2. Se faire comprendre

L'écriture en général, et le style en particulier, jouent un rôle important dans un journal. Les lecteurs veulent comprendre vite et bien ce qu'ils lisent. Pour cela, il est important de respecter quelques règles:
– choisir des phrases courtes (environ 20 mots) et simples (sujet – verbe – complément);
– choisir des mots justes, précis et compréhensibles;
– faire attention aux temps: en principe, on peut choisir tous les temps dans un article. Cependant le temps le plus simple est le présent de l'indicatif.

- Regroupez le vocabulaire par champs sémantiques *Wortfelder* (la famille: le père, la mère, les enfants, le fils, la fille, le frère, la sœur, les grands-parents, le grand-père, la grand-mère, etc.).
- Regroupez les mots en faisant des associations. On appelle cela faire des associogrammes: vous partez d'un mot de base, par exemple, «vacances» et vous écrivez autour de ce mot les mots auxquels il vous fait penser. Vous pouvez, à partir de chaque mot, faire de nouvelles associations.

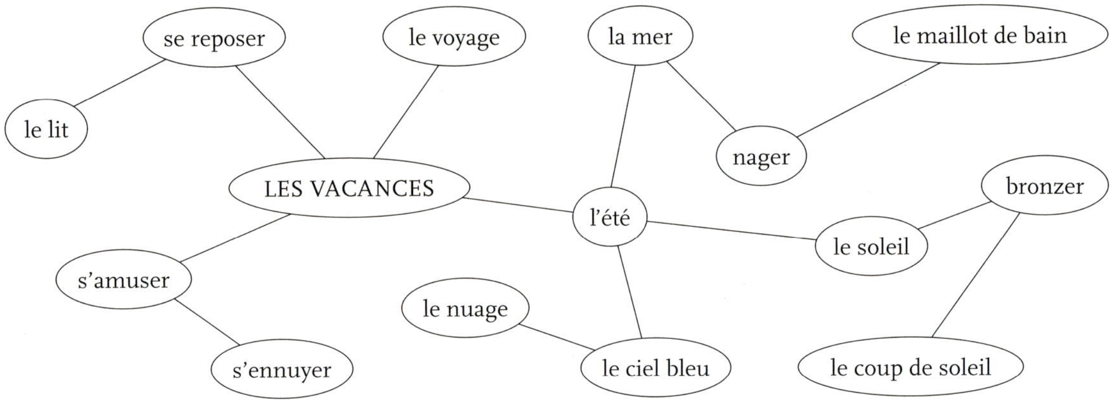

- Beaucoup de mots ont un ou plusieurs synonymes (mots qui ont le même sens ou un sens proche) ou, au contraire, un ou plusieurs antonymes (mots de sens contraire ou opposé). Ainsi «minuscule» a pour synonyme «très petit/e» et pour antonyme «énorme» ou «très grand/e». Apprendre les mots avec leur(s) synonyme(s) ou antonyme(s) peut vous aider à mieux retenir le vocabulaire.
- De même, il peut être utile d'apprendre un mot avec son ou ses homonymes (mots qui se prononcent de la même façon mais ont un sens différent). Ainsi «la tante» et «la tente», «le pain» et «le pin», «peu» et «il peut», etc.
- N'apprenez pas les mots de façon isolée, mais en contexte. Exemple: Cet argent lui permet *(ermöglichen)* de voyager. Ses parents lui permettent *(erlauben)* de sortir tous les week-ends.
- Vous pouvez apprendre un mot nouveau en imaginant une situation. Par exemple, si vous apprenez: «J'attends le bus.», essayez de voir l'endroit, d'imaginer la situation de façon précise.
- Apprenez un mot ou une phrase en les lisant à haute voix, cela peut vous aider à mieux mémoriser le vocabulaire.
- Regroupez les mots d'après vos goûts personnels. Par exemple, j'aime: le fromage, les fruits, l'été, le rock, le vélo, la chimie, mais je n'aime pas: le poisson, la salade, l'hiver, la musique classique, la voiture, la géographie.
- Révisez régulièrement le vocabulaire pour vous en souvenir. Pour les mots qui font particulièrement problème, n'hésitez pas à faire des fiches ou des listes sur papier, ordinateur ou à les enregistrer au magnétophone.

Application

Faites l'exercice Objectif langage C, p. 21.
Faites l'exercice des Approches, p. 65.
Faites l'exercice Objectif langage C, p. 11, l'exercice Objectif langage C, p. 36, l'exercice Objectif langage C, p. 48.
Faites l'associogramme, p. 8.

Objectif comp

A *Parler d'une c*

Écoutez la chan
la vie de ce S.D.
suivantes:
1. Pourquoi ce
2. Quels sont s
3. Où dort-il et
4. Comment la
5. La musique s
Justifiez votr

Objectif langa

C *Vous pouvez r*

1. Terminez ces
«Il est parti .
«Il est arrivé
«Il est resté p
«Mais il essa
2. Les phrases «
quatre phras
3. Relisez les pa
Exemples: «I
«Il ne sait plu

D *Vous pouvez r*

1. «Il irait conc
nant «tout».
2. Traduisez: *di*
alle ihre Freun
3. Complétez ce
«Quand je su
plus rien. Je r
veut m'aider.

Créativité

Au choix:
1. Imaginez l'hi
2. Imaginez l'av

Si t'avais les moyens

Décrivez l'atmosphère dans laquelle se déroule cette scène. Parlez des lieux, du moment de la journée, des couleurs, de la physionomie et du comportement des personnages.
À votre avis, de quel problème de société s'agit-il dans cette B.D.?
Quels sont les autres problèmes de société dont on devrait parler?

Objectif langage

C *Vous pouvez réviser les temps du futur.*

1. Relevez dans le texte les différentes façons d'exprimer le futur. Expliquez leur formation et leur emploi.
2. Au choix:
   – Imaginez la vie professionnelle dans l'avenir par exemple d'un médecin, d'un professeur, d'un/e secrétaire, etc. Utilisez le futur simple.
   – Imaginez la vie dans une trentaine d'années. Utilisez le futur simple.
   Voici quelques thèmes dont vous pouvez parler: l'environnement, les moyens de locomotion, les médias, la vie quotidienne des jeunes, les loisirs, la mode, la nourriture.

D *Vous pouvez travailler le vocabulaire.*

1. Faites une liste du vocabulaire se rapportant au monde du travail et complétez-la par d'autres mots que vous connaissez déjà (par exemple → Les raisons du chômage, p. 84).
2. Structurez le vocabulaire sous forme d'associogramme (→ Méthodes, p. 80).

Discussion

Les prédictions du journaliste sont plutôt optimistes. Partagez-vous cet optimisme?
Justifiez votre réponse.

Écriture

Écrivez une lettre à la rédaction qui a publié cet article en donnant vos arguments pour ou contre ce qu'affirme le journaliste et en présentant vos idées sur l'avenir.

Face à la crise (4)

Approches

Créer sa propre entreprise – un défi, une folie? Qu'en pensez-vous?

un défi: *Herausforderung*

Objectif lecture

Malgré la crise économique, il y a des créations d'entreprise qui réussissent.
Les deux textes suivants, p. 89 et p. 90, en donnent un exemple.

A *Présenter le contenu d'un des deux textes*

1. Choisissez un des deux textes ou formez deux groupes: chaque groupe se concentre chacun sur un des textes.
2. Notez les informations que vous jugez importantes.
3. Présentez vos résultats (à l'autre groupe).

B *Comparer deux textes sur le même sujet*

1. Lisez les deux textes et dégagez des critères qui permettent de les comparer.
2. Résumez maintenant les points communs et les différences entre ces deux projets.

Les couteaux de Laguiole

Parcours a interviewé Gérard Boissins, patron de la Société de Laguiole.

PARCOURS: Quelle est l'idée de votre entreprise?

GÉRARD BOISSINS: Le couteau de Laguiole est un objet de tradition. Il est né sur le plateau de l'Aubrac au début du XIXe siècle. Il a été fabriqué par quelques artisans qui ont adapté le couteau aux besoins des paysans qui l'utilisaient. Les artisans ont disparu peu à peu et avec eux, la fabrication du couteau a disparu du village de Laguiole dans les années 60.

Au début des années 80, notre projet de redonner vie à l'activité coutelière dans le village a pris forme. L'idée était de faire renaître le couteau en fabriquant toujours les modèles traditionnels mais aussi d'adapter le couteau aux goûts et besoins d'aujourd'hui, d'où la nécessité de faire appel à des designers comme Philippe Starck.

PARCOURS: Comment l'idée vous est venue de créer cette société?

GÉRARD BOISSINS: Au début des années 80, j'étais responsable du service économique de la Chambre de Métiers de l'Aveyron. À ce titre, je participais activement au groupe de travail sur la reprise de l'activité coutelière à Laguiole. Au bout de cinq ans de réflexions et d'études, le projet était prêt mais il n'y avait pas de candidat qui voulait se lancer dans ce projet. J'ai alors décidé de quitter mon emploi pour me lancer dans l'aventure.

PARCOURS: Comment est-ce que vous vous êtes procuré les capitaux nécessaires pour la création de la Forge de Laguiole?

GÉRARD BOISSINS: Le capital initial était de 150 000 F. Il a été réuni par les associés. Les autres besoins financiers ont été couverts par des emprunts bancaires. Nous avons également obtenu quelques aides à la création d'entreprise.

PARCOURS: Est-ce que la Forge de Laguiole a modifié la vie du village?

GÉRARD BOISSINS: En dix ans, nous avons créé directement une centaine d'emplois et indirectement, une trentaine d'emplois au village dans les services et la restauration. Il y a dix ans, il n'y avait que deux commerçants de couteaux au village. Aujourd'hui, il y en a vingt-deux. Ces dernières années, un tourisme rural s'est fortement développé à partir de l'animation créée par l'activité coutelière. À cela, il faut ajouter un tourisme industriel important: Nous recevons environ 60 000 personnes par an à l'usine.

PARCOURS: Est-ce que votre entreprise pourrait servir de modèle à d'autres?

GÉRARD BOISSINS: Je crois qu'il est toujours difficile de reproduire une expérience car le contexte ou les paramètres ne sont jamais les mêmes. Par contre, l'aventure que nous vivons dans un projet comme le nôtre peut donner envie à d'autres d'entreprendre, et lorsqu'on a envie, on essaie de se donner les moyens pour réussir.

6 le plateau: *ici Hochebene;* **8 un/e artisan/e:** une personne qui produit des objets avec ses mains; **15 coutelier/-ière:** *adj.* de couteau; **19 le goût:** *Geschmack;* **25 le service:** *ici Abteilung;* **26 la Chambre de Métiers:** *Handwerkskammer;* **26 l'Aveyron:** département de la région Midi-Pyrénées; **26 à ce titre:** *in dieser Eigenschaft;* **29 la réflexion:** le fait de réfléchir; **35 se procurer qc:** essayer d'obtenir qc; **36 la forge:** *Schmiede;* **38 un/e associé/e:** un/e partenaire; **39 couvrir (des frais):** *(Kosten) decken;* **40 un emprunt:** de l'argent prêté par une banque; **44 modifier qc:** changer qc; **48 les services** *m.: ici Dienstleistungsbereich;* **48 la restauration:** *ici* l'ensemble des restaurants; **52 rural/e:** qui fait partie de la campagne; **61 le paramètre:** *ici* la condition

Un CV sympa

Ségolène, 25 ans, éditrice

Les Éditions Ségolène? Ne cherchez pas un immeuble bourgeois. Cette nouvelle «maison» d'édition se cache derrière la façade d'un petit appartement d'étudiante: Celui d'une jeune femme de 25 ans, Ségolène Poinas.

Elle a écrit et publié un «Guide de l'étudiant à Paris», qui réunit toute l'info et les bons plans pour réussir son année à la fac et à la ville. La formule plaît: plus de 2000 exemplaires ont été vendus un mois après la parution.

Ce joli succès marque le parcours original d'une jeune bachelière de province «montée» à Paris pour «faire Sciences-Po» en 1988. «La première année a été terrible: le fonctionnement de l'école, s'orienter dans Paris ... tout posait problème. Pour finir, j'ai redoublé.» C'est en partie pour éviter ce cauchemar à d'autres jeunes, que Ségolène a décidé de réaliser un guide. Après s'être assurée qu'il n'existait pas de produit concurrent, elle s'est lancée dans la recherche d'informations et l'écriture. Mieux: elle a pris le parti de l'éditer elle-même. À ce stade, Ségolène a cherché des financements. La bourse «Défi Jeunes» du ministère de la Jeunesse et des Sports met 34 000 francs dans sa caisse. Elle a ensuite été voir des entreprises, en leur proposant de faire de la publicité dans son guide. L'argent ainsi recueilli a permis de boucler le budget.

Dans l'avenir, Ségolène souhaite développer sa petite maison d'édition. Si ça ne marche pas? Eh bien, elle ira se «vendre» avec curriculum vitae sous le bras. Ça ne l'inquiète pas: «Vous ne trouvez pas qu'il a l'air sympa, mon CV?» se réjouit-elle, en désignant sa pile de livres.

Marie Bardet, texte abrégé.
Dans: Les clés de l'actualité No 176, 1995

le curriculum vitae (CV): *Lebenslauf;* **un/e éditeur/-trice:** une personne qui produit des livres; **2 la maison d'édition:** une entreprise qui produit des livres; **8 la fac** *fam.:* abréviation de faculté *ici* l'université; **10 la parution**: *(du verbe* paraître*) ici Erscheinen;* **12 le/la bachelier/-ière:** une personne qui a obtenu son bac; **12 la province:** toute la partie de la France qui n'est pas Paris; **13 Sciences-Po(litiques):** *Politikwissenschaft;* **17 le cauchemar:** le mauvais rêve; **21 prendre le parti de faire qc:** prendre la décision de faire qc; **23 la bourse:** *ici* la subvention; **23 le défi:** *Herausforderung;* **28 recueillir (de l'argent):** *ici* obtenir; **28 boucler le budget:** *ici sich genügend Geld besorgen;* **34 la pile:** le tas

Objectif langage

C *Vous pouvez revoir la conjugaison des verbes réfléchis.*

1. Relevez dans les deux textes tous les verbes réfléchis et traduisez-les.
2. Expliquez les difficultés de la conjugaison des verbes réfléchis au passé composé.
3. Transformez le texte «Un CV sympa» en interview. Utilisez dans les questions ou les réponses un maximum des verbes suivants:
   s'orienter – se lancer dans qc – s'informer sur qc – se décider à faire qc – se dire que – se sentir – se réjouir – se vendre – se procurer – se développer – se concentrer sur qc

D *Vous pouvez vous entraîner à comprendre des mots inconnus.*

1. Retrouvez les verbes à partir desquels les noms soulignés sont formés:
   «La fabrication du couteau a disparu du village» (l. 11, p. 89) / «la création de la Forge de Laguiole» (l. 36, p. 89)
   «le fonctionnement de l'école» (l. 14, p. 90) / «Ségolène a cherché des financements» (l. 23, p. 90)
   Quel est le genre de ces noms?
2. Trouvez cinq autres noms en «-ation» et en «-ment» et indiquez les verbes à partir desquels ils sont formés.
3. Utilisez chacun de ces noms dans une phrase.

Écriture

Vous voulez prendre des initiatives et essayer de trouver un travail en France pendant les vacances. Pour cela, vous avez le choix entre deux possibilités:

1. Vous pouvez participer à des fouilles archéologiques dans le sud-ouest de la France.
2. Vous pouvez participer à la récolte de fruits et légumes.

Muséum National d'Histoire Naturelle
Laboratoire de Préhistoire
1, Rue René Panhard
F–75013 Paris

Centre de documentation et d'information rurale
92, rue du Dessous des Berges
F–75013 Paris

Écrivez une lettre dans laquelle vous vous présenterez et demanderez des renseignements supplémentaires (p. ex. sur les conditions de travail, la durée du séjour, les formalités à remplir, l'argent qu'on peut gagner, etc.). (→ Dossier Vivre l'Europe, p. 161)

Pour aller plus loin

Les programmes emploi-jeunes

Pour faciliter l'emploi des jeunes, le gouvernement français a créé différents types d'«emplois aidés». L'État verse des primes aux employeurs ou diminue les charges sociales. Voici deux exemples:

- Le contrat d'apprentissage: Il faut avoir entre 16 et 26 ans et vouloir préparer un diplôme professionnel ou technologique. Le jeune travaille en partie dans une entreprise et suit des cours théoriques dans une école. Durée: 1–3 ans
- Le contrat de qualification: Son but est de permettre à des jeunes diplômés (entre 16–26 ans) d'acquérir des expériences professionnelles. Si le jeune trouve un employeur qui l'embauche pour une durée de 6 à 24 mois, l'État verse une prime à l'employeur.

Connaissez-vous des programmes semblables en Allemagne? Renseignez-vous et présentez vos informations.

Ville et quartier (1)

Approches

1. Voici des photos d'un quartier. Qu'apprenez-vous sur ce quartier?
2. Où pourrait-il être situé? Dites pourquoi.

Objectif lecture

A *Aborder un texte à l'aide d'illustrations*

1. Donnez un titre aux photos p. 92. Vous pouvez donner un titre à chaque photo ou les regrouper par thème et leur donner un titre commun.
2. Retrouvez dans le texte les informations que donnent les photos.
3. Parmi ces photos, lesquelles choisiriez-vous pour illustrer le texte et où les placeriez-vous? Justifiez votre choix.

B *Regrouper les informations principales d'un texte*

Retrouvez dans le texte les informations sur les points suivants et notez-les:
- la situation géographique,
- l'atmosphère qui règne dans le quartier,
- les habitants: leurs nationalités, leurs métiers, leurs rapports sociaux, leurs problèmes et leurs projets.

Le tour du monde en 80 minutes

«Visiter Belleville, raconte Sophie, jeune Bellevilloise, c'est faire le tour du monde en 80 minutes.» Pourtant, ce quartier de l'Est parisien reste à l'écart des circuits touristiques obligés. Ici, ni château ni musée pour kodaks jetables. À deux pas de Bastille et ses bars où l'on exhibe son piercing, Belleville est un drôle de kaléidoscope où se côtoient sans heurts une soixantaine de nationalités. Des femmes africaines en boubou, leur bébé sur le dos, croisent parfois des hommes en noir sortant de la synagogue. De la rue de Belleville au boulevard de la Villette, on trouve des cantines de poche, des villages gastronomiques chinois et thaïlandais. Des enseignes s'affichent en arabe, en hébreu, en turc, en pakistanais ou vietnamien. À la terrasse des pâtisseries orientales de la rue de Belleville, on se sent même à Tunis. (...)

Malgré un contexte social difficile, les rues de Belleville sont assez calmes. «Tout le monde n'est pas invité à la table de tout le monde, mais il y a une grande tolérance d'une culture à l'autre», souligne Nicolas Rialan. «Belleville est une sorte de village où tous les gens se connaissent. Les commerces restent ouverts tard le soir. Malheureusement, ce phénomène tend à s'affaiblir avec la dégradation urbaine, la disparition des commerces et la politique de pourrissement de la municipalité.»

Les bandes d'adolescents à vélomoteur sont quasiment inexistantes. À Belleville, la rue appartient aux adultes. Des commerçants passent la journée sur le pas de leur porte, des hommes se réunissent sur les terre-pleins du boulevard de Belleville. L'ado qui fait une bêtise est sermonné par le passant, qui, de toute façon, connaît ses parents. (...)

Depuis une dizaine d'années, la hausse des loyers parisiens a repoussé vers Belleville de nombreux artistes, intellectuels et marginaux. Professionnels du spectacle, de la publicité, enseignants, employés de la fonction publique, tous ces gens ont choisi ce quartier pour y vivre.

Ceux que Patrick Simon appelle les «multiculturels» font bouger le quartier: ils s'organisent en associations, montent des expositions, créent des journées happening et des festivals.

Depuis 1989, l'association «La Bellevilleuse» s'oppose aux destructions projetées par la Ville de Paris. À coups de confrontations, d'expertises, de contre-projets urbains et sociaux, ils luttent contre la politique d'urbanisme de la Ville de Paris et contre l'exclusion des plus pauvres du quartier.

Agnès Holo, «Du titi parisien à la vague asiatique», dans Cultures capitale, Décembre 1996

le tour du monde en 80 minutes: titre transformé du roman de Jules Verne (1828–1905) «Le tour du monde en 80 jours»; **3 à l'écart de qc:** *abseits + génitif;* **6 exhiber qc:** montrer qc; **7 se côtoyer:** vivre l'un à côté de l'autre; **7 sans heurts:** sans problèmes; **8 le boubou:** vêtement africain; **11 la cantine de poche:** *ici* un petit restaurant; **13 l'enseigne** *f.:* le panneau qu'on trouve au-dessus d'un magasin; **22 le commerce:** *ici* le magasin; **23 tendre à** + *inf.:* avoir tendance à + *inf.*; **24 s'affaiblir:** devenir plus faible; **24 la dégradation:** *Niedergang;* **25 le pourrissement:** *(du verbe* pourrir*) ici Verfall;* **27 quasiment:** pratiquement; ; **30 le pas de la porte:** juste devant la porte; **31 le terre-plein:** *ici Mittelstreifen eines breiten Boulevards;* **31 l'ado** *fam.:* l'adolescent/e; **32 sermonner qn:** gronder qn; **34 la hausse:** l'augmentation; **36 le marginal:** une personne en marge de la société; **38 la fonction publique:** *öffentlicher Dienst;* **48 l'exclusion** *f.:* *Ausgrenzung*

Objectif langage

C *Vous pouvez enrichir votre vocabulaire en constituant des familles de mots.*

1. Formez un groupe par paragraphe. Relevez dans chaque paragraphe le plus de mots possibles et trouvez pour chacun des mots de la même famille. Notez ces mots.
   Exemple: visiter → la visite → le/la visiteur/-euse
2. Expliquez quelques-uns de ces mots en utilisant un mot de la même famille.
   Exemple: «Un visiteur, c'est une personne qui visite un musée, un château, etc.»

D *Vous pouvez réviser les formes de l'adjectif et la place de l'adjectif épithète.*

1. Relevez dans le texte les adjectifs qui servent à décrire un quartier et notez-les.
2. Notez d'autres adjectifs que vous connaissez.
3. Faites des combinaisons possibles avec les mots suivants et les adjectifs que vous avez notés. Attention à la place de l'adjectif!
   un quartier – des rues – des magasins – des immeubles – un marché – un musée – une place – une église – un cinéma – un parc
3. Choisissez une photo de Belleville et décrivez-la en utilisant des adjectifs.

Discussion

Faut-il restaurer ou détruire les vieux immeubles inconfortables pour en construire de nouveaux? Discutez.

Pour aller plus loin

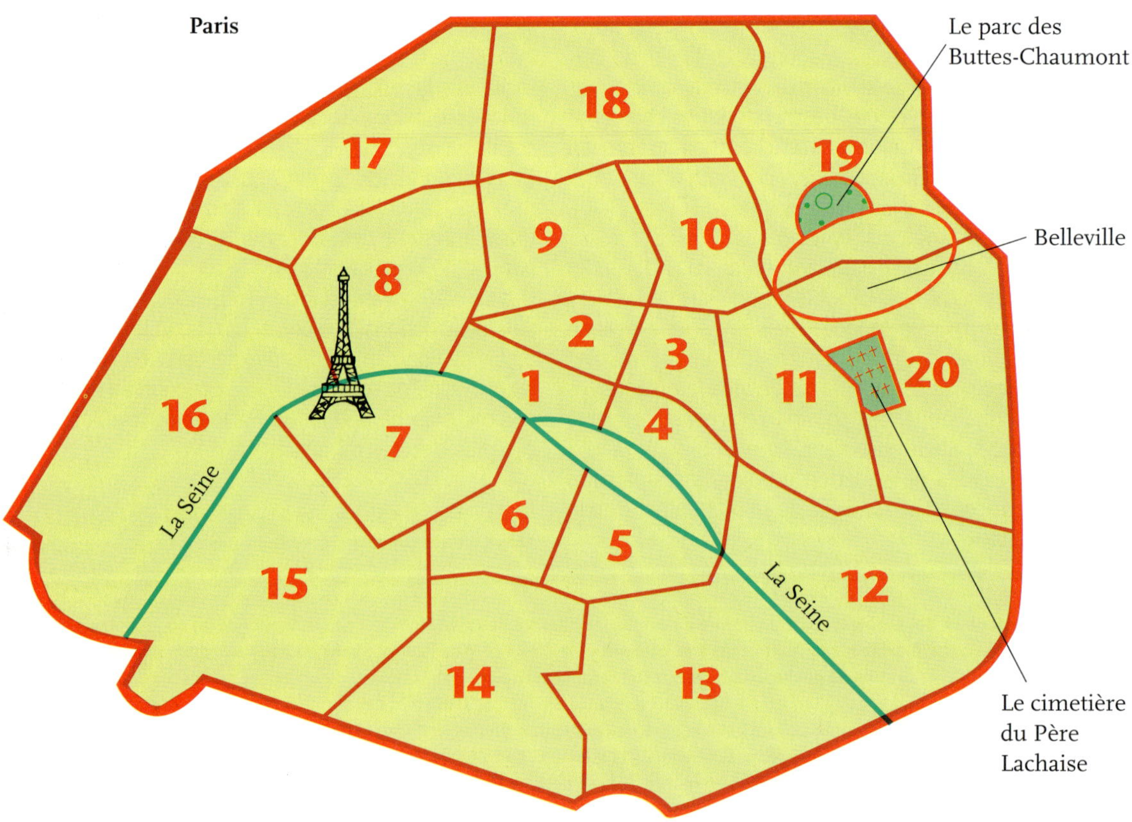

Impressions de Belleville

Au XIVe siècle, le fief de Savie (montagne sauvage), situé sur une colline, est baptisé Belleville en raison de la beauté des lieux. En 1790, Belleville devient une commune, puis en 1860 un quartier de Paris, situé entre le XIXe et le XXe arrondissements. Depuis le début du XXe siècle, Belleville accueille des vagues successives d'immigrés venus des quatre coins du monde. Beaucoup d'entre eux sont commerçants ou artisans.

À Belleville, on peut faire un tour du monde gastronomique, par exemple en allant dans une des cantines chinoises, qui offrent des plats à des prix raisonnables, ou en goûtant une pâtisserie orientale accompagnée d'un thé à la menthe. «La Java», l'unique boîte du quartier, propose des concerts de rock ou des soirées salsa.

À Paris, on peut regarder la télé dans les cafés. Regarder la télé en groupe devient un spectacle vivant. À Belleville, certains cafés diffusent chaque dernier samedi du mois Télé Bocal, la première télé de quartier et la seule chaîne diffusée exclusivement dans les bars parisiens. Télé Bocal est née en 1995. Elle propose des programmes courts et variés: des reportages d'actualité où l'homme de la rue donne son opinion, des fictions souvent tournées dans le quartier et presque toujours jouées par des comédiens amateurs, etc. C'est une chaîne qui s'adresse à tous et qui recueille toutes les opinions et toutes les tendances.

Le parc de Belleville se trouve à flanc de colline; par beau temps on a une vue magnifique sur Paris.

Tous les mardis et vendredis, le boulevard de Belleville se transforme en marché.

Tout près de Belleville, à Ménilmontant, se trouve le Père Lachaise, le plus grand cimetière de Paris où de nombreuses personnalités reposent. Toute l'année, des fans de Jim Morrison viennent lui rendre hommage.

1 le fief: *Lehen;* **2 la colline:** *Hügel;* **2 baptiser qn/qc:** donner un nom à qn/qc; **30 à flanc de colline:** *am Hang eines Hügels;* **37 rendre hommage à qn:** *jdm Ehre erweisen*

Ville et quartier (2)

Approches

Comparez cette photo aux photos de Belleville (p. 92).

Objectif lecture

Azouz Begag parle d'une visite au quartier de la Duchère à Lyon où il a passé sa jeunesse. Depuis quelques années, on essaie d'améliorer la situation de ce quartier à problèmes.

A *Dégager du texte l'atmosphère qui règne dans le quartier*

1. Qu'est-ce qui a changé dans ce quartier suite à sa réhabilitation?
2. Relevez dans le texte tous les passages qui parlent de l'atmosphère dans le quartier de la Duchère.
3. Qu'est-ce que vous apprenez sur les habitants de la Duchère?
4. Expliquez: «Chacun occupe son espace.» (l. 43). / «La culture se nourrit des mixités.» (l. 50). / «Elles avaient choisi la Duchère pour une escale dans leur migration vers l'Afrique.» (l. 61).

B *Comparer deux textes qui traitent un même sujet: un quartier*

1. Si vous avez lu «Le tour du monde en 80 minutes», comparez les deux quartiers: trouvez des points communs et des différences.
2. Comparez le rôle du narrateur dans les deux textes: Est-il absent de l'action ou présent? Dans ce qu'il écrit, est-il subjectif ou objectif? Justifiez votre réponse.
3. Le regard de la journaliste («Le tour du monde ...») et le regard de l'ancien habitant («Mon quartier»): Voyez-vous encore d'autres différences?

Mon quartier

Du balcon du dernier étage, la vue panoramique est splendide. On aperçoit au loin le mont Blanc se pointer au-dessus de la chaîne des Alpes. On voit aussi tous les efforts de réhabilitation qui ont transformé le quartier. L'école primaire d'en bas est belle, les terrains de jeux pour les enfants sont bien conçus, le stade de football de l'équipe de l'Association sportive de la Duchère (ASD) dont j'ai porté les couleurs est devenu un terrain de pros: l'équipe est en deuxième division. (...)
Vu du ciel, tout est propre, calme et séduisant dans mon ancien quartier. Une chose m'a même particulièrement marqué: les arbres, si nombreux entre les immeubles. Ils ont grandi, en même temps que moi. Ils donnent fière allure à l'environnement.
Après ma vision aérienne, je suis descendu pour une balade dans «la société des gens d'en bas».
Dans le centre commercial du Plateau, juste au pied de mon immeuble, il y a peu de monde en cette fin août. Les gens sont encore en vacances. À la place du cinéma de mon adolescence s'est installé un «hard-discounter», LIDL, cette chaîne allemande qui fait fortune dans les HLM. (...) Les supermarchés ont changé. Les produits déposés sur des palettes à même le sol ont remplacé les traditionnels «rayons». La vision est un peu brutale. Dans la galerie marchande, un boucher arabe et un magasin asiatique se sont installés. Quelques fonds de commerce fermés semblent ne pas avoir trouvé preneur. La Caisse d'épargne et la pharmacie ont fait peau neuve. Un snack a ouvert. (...)
Je marche jusqu'au commissariat du centre commercial. Il est blindé. Les vitres sont grillagées. Ces grillages disent que les représentants de l'ordre ne

se sentent plus réellement en sécurité dans leurs locaux.
Sur une placette bordée de bancs, à l'ombre des châtaigniers, des habitants laissent passer le temps en bavardant. Un garçon asiatique lit un bouquin dans son coin. Trois vieux Arabes conversent à côté, sur un autre banc. En face, les «Français d'ici» regardent leurs enfants jouer à leurs pieds. Les gens ne se mélangent plus. Chacun occupe son espace.
Heureuse découverte, la bibliothèque du quartier est bondée de jeunes et de moins jeunes, Asiatiques, Maghrébins, Africains, «Français de souche». Je ne peux pas entrer, à cause de mon père qui se tient en retrait et qui a peur des livres. Il est analphabète. La bibliothèque est peut-être le seul lieu qui favorise la proximité des différences. La culture se nourrit des mixités. (...)
Vers 19 heures, les magasins ont commencé à tirer leurs rideaux. Il fallait que je mette fin à ma visite. Je suis retourné vers mon immeuble avec mon père. Nous avons bavardé quelques minutes avec Marius, un agent d'entretien chargé de vider les poubelles, évoquant avec nostalgie les années passées dans notre immeuble, lorsque nous y habitions ensemble. Il m'apprit avec fierté que, la semaine dernière, sept cigognes s'étaient posées sur le toit du bâtiment. Elles avaient choisi la Duchère pour une escale dans leur migration vers l'Afrique. (...)
Des cigognes à la Duchère!

«Les cigognes de la Duchère» dans: Azouz Begag / Christian Delorme, Quartiers sensibles, Seuil 1994, texte abrégé

4 la réhabilitation: le fait de restaurer, d'améliorer qc; **7 concevoir qc:** *etw. konzipieren;* **8 La Duchère:** un quartier à problèmes à Lyon; **9 le/la pro** *fam.:* le/la professionnel/le; **10 la division:** *ici Liga;* **11 séduisant/e:** *anziehend;* **15 donner fière allure à qc:** *etw. Stil verleihen;* **23 le HLM** (habitation à loyer modéré): *Sozialwohnung;* **24 déposer qc:** *ici* poser qc; **25 à même le sol:** directement sur le sol; **26 le rayon:** *Regal;* **27 la galerie marchande:** un ensemble de plusieurs magasins dans le centre d'un quartier; **28 le fond de commerce:** le magasin; **29 trouver preneur:** *ici* trouver un marchand qui reprend le commerce; **30 la Caisse d'Épargne:** *Sparkasse;* **30 faire peau neuve:** *ici* être rénové/e; **33 blindé/e:** *gepanzert;* **33 grillagé/e:** *vergittert;* **36 le local:** la partie d'un bâtiment; **37 une placette:** une petite place; **37 bordé/e:** entouré/e; **38 le châtaignier:** *Kastanienbaum;* **39 un bouquin** *fam.:* un livre; **40 converser:** faire la conversation; **45 être bondé/e de:** être plein/e de; **46 de souche:** d'origine; **48 en retrait:** derrière; **50 favoriser qc:** *ici* faciliter qc; **50 la proximité:** le fait d'être proche; **53 le rideau:** *Vorhang;* **56 un agent d'entretien:** une personne chargée de nettoyer une rue, un local, etc.; **57 la poubelle:** *Mülltonne;* **57 évoquer qc:** *ici* parler de qc; **60 la cigogne:** *Storch;* **62 une escale:** une étape

Objectif langage

C *Vous pouvez réviser l'emploi des pronoms relatifs «dont», «d'où», «duquel/de laquelle».*

1. «L'Association sportive de la Duchère dont j'ai porté les couleurs»: Expliquez l'emploi de «dont».
2. Regardez dans une grammaire: Quand est-ce qu'on emploie «d'où» et «duquel»? Formulez des exemples.
3. Complétez le texte suivant en utilisant un des trois pronoms relatifs:
   «La ville [?] je viens n'est pas très grande. J'y suis retournée, il y a quelques années. Le cinéma en face [?] j'ai habité existe toujours. Je suis allée sur la place [?] j'avais gardé un si bon souvenir. Elle est dépeuplée à cette heure. Les maisons sont grises et tristes. La boulangerie, à côté [?] habitait ma meilleure amie a disparu. Deux rues plus loin, l'école primaire [?] on a repeint les murs me semble minuscule maintenant. Dans la cour, les plantes [?] nous nous sommes occupés autrefois, ont disparu.»

D *Vous pouvez revoir différentes possibilités de décrire un lieu.*

1. Relevez dans le texte les prépositions et les adverbes de lieu.
2. Complétez par les différentes expressions utilisées dans le texte pour décrire la perspective du narrateur. Exemple: «On aperçoit au loin ...»
3. Décrivez la photo ci-contre en utilisant les mots et expressions que vous avez relevés en 1 et 2.

Écriture

Présentez votre quartier, votre village ou un endroit de votre ville à votre correspondant/e ou pour un dépliant touristique.

Face à la violence (1)

Approches

Si vous utilisez un moyen de transport public pour venir au lycée, décrivez l'ambiance qui y règne.

Objectif lecture

Le texte «Le bonheur est dans le bus» présente une initiative contre la violence dans les bus.

A *Décrire les mesures prises*

1. À quels actes d'agressivité les jeunes femmes ont-elles été confrontées et comment les ont-elles expliqués?
2. Quelles mesures ont-elles prises? Avec quel succès?

B *Analyser et commenter les mesures prises*

1. Mettez en parallèle les actes de violence et les réactions des jeunes femmes.
2. Que pensez-vous de la façon d'agir des jeunes femmes?
3. Pourquoi, à votre avis, a-t-on engagé des jeunes femmes et non des hommes pour cette mission?

Le bonheur est dans le bus

Isabelle, Amida, Kéo, Nadia, Sophie, Yacine ...: au total douze jeunes femmes (entre 20 et 28 ans) travaillent comme hôtesses sur les lignes d'autobus TRA basées à Villepinte. Points communs: physique irréprochable, sourire facile et forte personnalité. En 1993, Jean-Claude Galienne, le directeur de TRA, constate que les dégradations augmentent sur ses bus, que les retards se multiplient. Alors, il décide d'envoyer six filles sur ses lignes: à elles de définir leur métier.

La plupart des incidents ont lieu à la sortie des collèges

Sur le terrain, Isabelle et les autres s'aperçoivent rapidement que la plupart des incidents ont lieu à la sortie des collèges sensibles d'Aulnay et de Montfermeil: bris de glaces, agressivité envers le chauffeur, décompression des portes pour arrêter le bus, etc. «Les gamins chahutent dans le bus, explique Brigitte, parce que c'est le seul endroit et le seul moment de la journée où ils sont anonymes. Aux hôtesses de les identifier.» Deux par deux, vêtues d'un pantalon noir et d'une veste rouge (pour bien les différencier des contrôleurs), ces

troupes de charme accueillent les collégiens souvent déchaînés après les cours. Rachida, pourtant aguerrie par une enfance dans les cités, se souvient avoir été choquée lors de sa première journée de travail: «Quelqu'un avait craché sur Malika et utilisé une bombe lacrymogène. On avait fait descendre tout le monde du bus.» Et convaincue aussi qu'il fallait persévérer. Ce soir-là, une femme attendait le bus avec un bébé dans les bras.

L'opération est un succès

On a réussi à faire prendre conscience aux gamins des conséquences de leur acte.» Elles découvrent vite que pour un vrai dialogue le contact dans le bus ne suffit pas: elles s'impliquent dans l'animation des cités, travaillent avec les associations de quartier et transforment le bus à l'occasion de fêtes en atelier maquillage ou en bibliobus. Trois ans après son démarrage, l'opération est un succès: les bus s'humanisent et les dégâts diminuent. À tel point que l'équipe de départ a été doublée à la demande du président du Syndicat des Transports parisiens. Les anciennes projettent d'écrire un livre sur leur aventure.

Le Nouvel Observateur, 30.5.1996

4 une hôtesse: une femme qui accompagne les voyageurs dans un avion, un train, un bus; **5 TRA:** Transports Rapides Automobiles; **6 Villepinte:** une ville située dans la banlieue nord-est de Paris; **6 le physique:** *ici* l'aspect; **7 irréprochable:** *tadellos;* **10 la dégradation:** la destruction; **16 un incident:** *Vorfall;* **21 un collège sensible:** un collège qui connaît beaucoup de problèmes de discipline, de violence, etc.; **22 Aulnay, Montfermeil:** deux villes dans la banlieue de Paris; **22 le bris:** *(du verbe* briser*)* l'action de casser qc; **24 la décompression des portes:** les portes d'un bus se ferment à l'aide d'air comprimé, on peut laisser s'échapper cet air; **26 chahuter:** faire du bruit; **34 les troupes de charme:** *ici* les jeunes femmes; **34 accueillir qn:** recevoir qn; **35 déchaîné/e:** *entfesselt;* **36 aguerri/e:** *abgehärtet;* **40 cracher sur qn:** *jdn anspucken;* **41 une bombe:** *ici Spray;* **41 lacrymogène:** qui fait pleurer; **44 persévérer:** continuer; **53 s'impliquer dans qc:** s'engager pour qc; **56 à l'occasion de:** pour; **57 le maquillage:** *Schminke;* **57 le bibliobus:** un bus transformé en bibliothèque; **58 le démarrage:** *ici* le début; **60 le dégât:** la destruction; **61 à tel point que:** si bien que; **63 le syndicat:** *Gewerkschaft;* **65 projeter de faire qc:** *(du nom* projet*)* avoir l'intention de faire qc

Objectif langage

C *Vous pouvez revoir l'utilisation du plus-que-parfait.*

1. Dans le texte, deux phrases contiennent des verbes au plus-que-parfait. Retrouvez-les. Servez-vous de ces exemples pour expliquer la formation et l'utilisation du plus-que-parfait.
2. Des personnes concernées par le projet racontent. Imaginez ce qu'elles disent et utilisez, si possible, des plus-que-parfait:
   Jean-Claude Galienne: «Je ne savais plus quoi faire. La veille encore ...
   Alors, j'ai eu l'idée d'engager ces jeunes filles.»
   Malika: «Le premier soir, j'étais très découragée: L'après-midi, à la sortie des collèges ...
   Je voulais arrêter.»
   Une jeune femme: «Maintenant, je n'ai plus peur de prendre le bus. La violence est assez rare. Mais l'année dernière, c'était encore différent. On m'a raconté qu'un jour, une bande de collégiens ...»

D *Vous pouvez revoir l'utilisation de la phrase infinitive.*

1. Traduisez les phrases:«À elles de définir leur métier.» (l. 14), «Aux hôtesses de les identifier.» (l. 30).
2. Comment pourrait-on reformuler ces phrases ?
3. Transformez les phrases suivantes en utilisant une phrase infinitive. Exemple:
   «C'est Jean-Claude Galienne qui doit trouver une solution.» → «À Jean-Claude Galienne de trouver une solution.»
   «Les jeunes femmes doivent calmer les collégiens.»
   «Ce sont elles qui doivent leur parler.»
   «Ce sont les usagers du bus qui décident du succès de l'opération.»
   «Les gamins doivent prendre conscience de leurs actes.»
   «D'autres devraient suivre cet exemple.»

Écriture

Rédigez une petite annonce pour le recrutement d'hôtesses en vous inspirant du texte à droite.

La Fondation Kaleïdoscope recherche un
Assistant Social (H ou F)

Qualités requises:
Bonne capacité d'écoute, d'analyse et d'organisation
Aptitude au travail en équipe
Expérience professionnelle
Mission:
Encadrer les personnes en détresse
Aide psychologique et familiale
Visites à domicile
Poste à pourvoir à partir du 1er novembre
Adresser candidature, etc. à: Fondation Kaleïdoscope
2, rue Victor Hugo, 62590 Oignies

Face à la violence (2)

Ces trois personnages vont se rencontrer. Qui sont-ils? Que pourrait-il se passer?

Objectif lecture

Nouredine, un adolescent beur, habite dans une cité. Il a commencé à faire de la boxe et son entraîneur Michel vient de lui prédire un grand avenir ...
Comme ses copains, Nouredine est un peu amoureux de Lola, une jeune fille française du quartier.

A *Faire une lecture dirigée par des questions*

1. Que signifie pour Nouredine la boxe? Et Lola?
2. Qu'est-ce que le lecteur apprend sur Lola au début du récit?
3. «Lola» – «Leïla», pourquoi ses deux noms?
4. Interprétez la dernière phrase.
5. Posez vous-mêmes des questions sur le texte à vos camarades.

B *Découvrir un texte en anticipant la suite de l'histoire à des moments-clés*

1. Lisez le 1er chapitre du texte: qu'apprenez-vous sur Nouredine et Lola? À partir de ces données, imaginez la suite: que font Nouredine, Lola et le skin?
2. Lisez le 2e chapitre et comparez avec votre version. Imaginez une suite à partir du 2e chapitre.
3. Lisez le dernier chapitre. Décrivez ce que vous ressentez.

Un grand avenir

I

Un avenir. Moi. Dans la boxe. Loin. Je serrais les poings en marchant. Tête de moi, je le jure, je riais tout seul. Et je suis tombé sur Lola. On aurait dit qu'elle m'attendait. Elle est venue vers moi. Je n'ai pas pu me retenir, je lui ai dit que j'avais quelque chose à lui dire. Pas devant les potes. Et pas ici.
J'ai proposé un tour en ville. Elle m'a regardé. Je veux dire, vraiment. Dans les yeux. Ça l'étonnait que je prenne les rênes et que je dise ce qu'on allait faire. Moi qui restais toujours derrière. Elle me regardait, et ce que j'ai vu dans ses yeux m'a donné encore plus de bouillon. (...)

Dans les rues piétonnes du centre ville, à cette heure-ci, il y a du monde. Ça vit. Ce n'est pas comme dans la cité. Il y a des gens qui ont l'air d'avoir du temps et du fric pour le dépenser comme ils veulent, et ça, c'est le genre de truc qui me botte.
On a marché au milieu de la foule pendant un moment, et après, je lui ai payé une glace. Pendant qu'elle la mangeait, elle s'est approchée de moi. Je n'ai pas pu résister. Je lui ai dit, pour la boxe. Le combat, le club, l'engagement, et tout ce qui s'ouvrait maintenant devant moi.
Elle m'a encore regardé dans les yeux, pendant longtemps. (...)

Je l'ai regardée à mon tour, et j'ai vu dans ses yeux ce que j'espérais y voir. Tête de moi, ça a été exactement comme si j'avais avalé encore un peu plus de dynamite, et alors j'ai tendu la main vers elle.

J'avais le bras tendu vers elle, comme ça, au milieu de la rue, et alors ce type est venu me rentrer dedans. Un skin.

II

Il avait mille fois la place de passer à gauche ou à droite, et au lieu de ça il a foncé tout droit et il a buté sur mon bras. Juste entre Lola et moi. Et il a dit, «Tire-toi de là, mec, fais pas obstacle.» J'ai retiré mon bras. Je ne voulais pas la bagarre. Je voulais tout sauf la castagne.

Pas lui. Il a avancé la main et il m'a poussé à la poitrine. Il a dit, «Tire-toi, bougnoule.» J'ai fermé les poings. Je jure que je ne cherchais pas la bagarre. Je ne voulais pas d'embrouille. Pas aujourd'hui.

Il m'a encore poussé un peu plus loin. Il a encore dit, «Alors, t'as la trouille, bougnoule.» Et il a dit aussi, «Tire-toi de là, t'occupe pas de cette meuf, les filles blanches c'est pas pour les ratons.»

Alors Lola l'a agrippé par le col de son bomber. «Petit con», elle a dit. Elle lui criait dans l'oreille. «Espèce de petit con, tu sais comment je m'appelle», elle a attendu, elle lui plantait les ongles dans le nylon du bomber, et elle a dit, «Leïla, je m'appelle Leïla, petit con, et moi, c'est les mecs comme toi qui me font gerber.»

Il s'est retourné, et il lui a craché à la figure.

Et tout de suite après, il s'est retourné encore pour me faire face, comme s'il avait eu peur que je lui saute sur le paletot par derrière, et il s'est mis en position de garde haute. Ce mec ne savait pas se battre. Il avait une garde beaucoup trop haute et il n'avait aucune mobilité. Ça allait être du gâteau. Je n'ai pas résisté. Quelques jabs, une feinte, un redoublé menton-plexus, un direct à la mâchoire, et un crochet au foie pour finir le travail. J'avais cogné sec, je ne voulais pas que ça dure et que les flics aient le temps d'arriver. Il n'avait vu venir aucun des coups. Il s'est plié en deux, il a ouvert la bouche, et il s'est éparpillé à genoux sur le macadam.

Il n'avait plus besoin de moi. J'ai tendu le bras, je n'ai pas dit un mot, j'ai pris Leïla par le coude. Je trouvais que c'était somme toute une jolie manière de m'en sortir, propre et nette, un peu comme dans un western, et que je n'avais plus qu'à écarter le cercle des badauds et à tailler la route pour que tout soit fini.

III

Je n'avais pas vu ses copains, au skin. Toute sa bande en treillis et rangers. Je ne faisais pas le poids. Dès qu'ils ont commencé à bastonner, j'ai su que c'était fini pour moi.

Maintenant, il suffit d'attendre. Il paraît qu'on est costaud, à mon âge. Je me réparerai petit à petit. Le toubib qui m'a opéré les mains, il a dit que c'était de la dentelle, comme boulot. Tu parles, les mains écrasées par des rangers, mes os, de la bouillie.

Michel me dit que si tout va bien je pourrai peut-être reprendre l'entraînement dans un an. Peut-être. Et peut-être que non.

Leïla est assise à côté de mon lit. Par la fenêtre ouverte de la chambre, le soleil vient jusque sur mes draps. Dehors, dans le parc de l'hôpital, des oiseaux chantent. Il paraît qu'il fait très beau pour la saison.

Il paraît qu'on peut même faire semblant de croire qu'il fera encore beau demain.

Jean-Noël Blanc: «Tête de moi» dans:
Nouvelles 90, Éditions Messidor / La Farandole 1991

beur/e: d'origine maghrébine; **prédire qc à qn:** dire à qn ce qui va lui arriver; **2 le poing:** *Faust;* **2 tête de moi** *fam.:* une formule d'encouragement, *meine Fresse;* **3 tomber sur qn** *fam.:* rencontrer qn par hasard; **6 le pote** *fam.:* le copain; **9 prendre les rênes:** *ici* prendre l'initiative; **11 donner le bouillon à qn:** rendre qn nerveux/-euse; **15 la cité:** un quartier de banlieue; **16 le fric** *fam.:* l'argent; **17 le truc** *fam.:* une chose; **17 botter qn** *fam.:* plaire à qn, fasciner qn; **29 tendre qc à qn:** *jdm etw. reichen;* **31 rentrer dedans** *fam.:* bousculer qn; **34 foncer sur qn:** *auf jdn losgehen;* **34 buter sur qc:** être arrêté par qc; **36 se tirer** *fam.:* partir; **36 le mec** *fam.:* le garçon, l'homme; **37 la bagarre:** la dispute; **38 la castagne** *fam.: Schlägerei;* **40 le bougnoule:** un mot péjoratif pour désigner un Maghrébin; **42 une embrouille** *fam.:* la complication; **44 la trouille** *fam.:* la peur; **45 la meuf** *verlan:* la fille, la femme; **46 le raton:** un petit rat *ici* un mot péjoratif pour désigner un Maghrébin; **47 agripper qn par le col:** prendre qn par le col *Kragen;* **47 le bomber:** *Fliegerjacke;* **48 con/ne** *vulg.:* imbécile; **50 planter qc:** *ici* enfoncer qc; **50 un ongle:** *Fingernagel;* **53 gerber** *fam.:* vomir, *sich übergeben;* **54 cracher:** *spucken;* **57 le paletot:** le manteau; **58 la position de garde haute:** *Hab-acht-Stellung;* **60 être du gâteau** *fam.:* être simple; **61 un jab, une feinte, un redoublé menton-plexus:** vocabulaire spécialisé de la boxe; **62 la mâchoire:** *Kiefer;* **63 un crochet au foie:** *Leberhaken;* **63 cogner sec** *fam.:* frapper dur; **66 se plier en deux:** *sich krümmen;* **67 s'éparpiller** *fam.: ici* tomber; **67 le macadam:** l'asphalte; **69 le coude:** *Ellenbogen;* **70 somme toute:** après tout; **72 écarter qn:** *ici* séparer qn ; **73 le/la badaud/e:** le/la spectateur/-trice; **73 tailler la route** *fam.:* partir, **76 le treillis:** un vêtement militaire; **76 ne pas faire le poids:** *nicht dagegenhalten;* **77 bastonner qn** *fam.:* battre qn, frapper qn; **80 costaud/e:** fort/e; **81 le toubib** *fam.:* le médecin; **81 être de la dentelle:** être un travail très délicat, qui demande beaucoup de précautions; **83 écraser qc:** *etw. zerquetschen;* **83 un os:** *Knochen;* **83 la bouillie:** *Brei;* **84 Michel:** l'entraîneur de Nouredine; **89 le drap:** *Betttuch*

Objectif analyse

C *Vous pouvez apprendre à analyser un texte littéraire.*

1. Décrivez le caractère de Nouredine en interprétant les citations suivantes: «Je serrais les poings en marchant.» (l. 1) / «Ça l'étonnait que je prenne les rênes et que je dise ce qu'on allait faire. Moi qui étais toujours derrière.» (l. 8) / «J'ai vu dans ses yeux ce que j'espérais y voir.» (l. 26) / «J'ai tendu la main vers elle.» (l. 29)
2. Trouvez les phrases du texte qui expriment que Lola est solidaire de Nouredine, qu'elle est amoureuse de lui, qu'elle est courageuse.
3. Comment l'auteur introduit-il du suspense?
4. Une lecture différenciée: on peut lire ce récit de différentes façons, p. ex., comme une histoire d'amour ou comme une histoire sur la violence. Justifiez chacune de ces lectures. Proposez encore d'autres façons de lire ce texte et justifiez-les.

Écriture

Au choix:
1. Lola raconte l'histoire de son point de vue.
2. Imaginez la suite du récit.

Vocabulaire thématique

Le monde du travail

travailler	**à temps plein**	*ganztags*
	à mi-temps	*halbtags*
	dans un bureau	
	dans une usine	
	à domicile	*zu Hause*
	à son compte	*freiberuflich*

être	employé/e dans	une banque
		les services publics
		une entreprise
	télétravailleur/-euse	

Les salariés	se plaignent des charges sociales trop élevées.
Les employeurs	

Le système de protection sociale coûte (trop) cher.

créer son entreprise
se lancer dans un projet
trouver des associés
obtenir des aides financières
établir un budget

Le chômage

La société L'industrie	vit traverse	une crise	économique. sociale. structurale.

La compétition entre les différents services La productivité Le **pouvoir d'achat**	a augmenté a diminué	ces dernières années.	*der Wettbewerb* *die Kaufkraft*

Les entreprises	réduisent leurs **effectifs.**				*das Personal*
	embauchent des **licencient** des	femmes hommes	bien mal	formé(e)s.	*entlassen*
	créent suppriment	des emplois pour les		jeunes diplômé(e)s. ouvriers spécialisés. employés. **cadres.**	*die leitenden Angestellten*

Beaucoup de salariés	craignent se sentent menacés par	le chômage.

Le chômage	est représente	un problème	grave durable important	pour	la société. le gouvernement.	
	est un **défi**		national. international.			*eine Herausforderung*

Il	risque de provoquer des est à l'origine de	conflits	sociaux. raciaux.

Il faudrait réfléchir à Il est nécessaire de Le gouvernement devrait	prendre	des mesures (efficaces) contre le chômage. des initiatives.

La violence

Beaucoup de Certains	jeunes se sentent	**délaissés** isolés **repoussés** oubliés **marginalisés**	par	la société.	*alleine gelassen* *zurückgewiesen* *an den Rand gedrängt*
		exclus	de		*ausgeschlossen*

Le manque de perspectives	mène souvent à **aboutit à** favorise	des actes de violence. la délinquance.	*mündet in*

Des associations essaient de lutter contre	la violence. l'exclusion. l'agressivité. la **dégradation** des quartiers.	 *die Zerstörung*

«(Rêvons) D'une ville où l'enfant puisse se rendre à pied à l'école sans risquer d'être fauché par une voiture au feu rouge.» → «L'auteur nous invite à rêver d'une ville où l'enfant pourrait aller à l'école sans risquer sa vie.»

– Dans votre compte rendu, vous suivez l'ordre du texte et vous présentez la démarche de l'auteur. Vous pouvez utiliser:

L'auteur constate ...
L'auteur nous décrit d'abord ... / nous fait le portrait de ... / passe en revue les différentes possibilités de ... / évoque ... / compare ...
Il rêve ... / Il imagine ... / Il expose la situation suivante: ... / Il pose la question suivante ...
Il pense / Il considère / Il affirme que ...
Il s'oppose à l'idée que ... / Il insiste sur l'idée que ...
Il réfute l'argument que ... / Il critique l'opinion de / l'attitude de ...
Il désire que (+ *subj.*) / Il aimerait que (+ *subj.*) ...
À son avis / Selon lui ...
Il conclut que ...

Écrire un commentaire

1. Règles générales

– Dans un commentaire vous donnez votre avis sur les idées de l'auteur ou les actions d'un personnage. On ne peut donc pas commenter un texte sans l'avoir bien compris. La compréhension et l'analyse (→ Analyser un texte, p. 152) précèdent donc toujours le commentaire.
– Méfiez-vous des idées toutes faites: Un texte sur un sujet connu (la pollution, la situation de la femme, la télévision, etc.) suscite en vous une quantité d'idées que vous risquez de voir dans le texte – alors qu'elles n'y sont pas. Vérifiez donc bien ce que l'auteur dit vraiment.

2. Une méthode

– Lisez le texte et essayez de le comprendre (→ Écrire un résumé, p. 105).
– Essayez de saisir le style et le ton du texte (→ Analyser un texte, p. 152). La manière dont l'auteur écrit les choses (ironiquement, poétiquement, sèchement, etc.) vous donne des informations sur les opinions ou l'état d'esprit de l'auteur.
– Notez sur une feuille les idées et les arguments de l'auteur. Comment l'auteur défend-il ses arguments (par des citations, des exemples, etc.).
– Évaluez les arguments de l'auteur: lesquels vous semblent convaincants? Pourquoi? Lesquels ne vous convainquent pas? Pourquoi?
– Faites une liste de vos propres arguments et trouvez des exemples qui les illustrent.
– Faites un *plan* pour votre commentaire. Ce plan comprendra:
  Une *introduction* (Présentez le sujet du commentaire.)
  Un *développement* (Présentez les arguments de l'auteur avec lesquels vous êtes d'accord. Puis ceux avec lesquels vous n'êtes pas d'accord et dites pourquoi.)
  Une *conclusion* (Faites le point en donnant votre avis personnel.)
– Rédigez votre commentaire au présent. Voici quelques expressions utiles:

Présenter son opinion	Nuancer son opinion	Comparer	Donner des exemples
À mon avis ... Je ne pense pas (+ *subj.*) ... Il me semble que l'auteur ... Il est étonnant / vrai / normal que (+ *subj.*) Je ne suis pas de cet avis parce que je pense ...	D'un côté ... de l'autre ... Dans un certain sens, XY n'a pas tort, mais ... Il est vrai que ... mais ... On pourrait croire en effet que ... Cependant ...	Les deux textes / personnages ont des points communs / se ressemblent / s'opposent. L'un ..., l'autre ... On trouve les mêmes idées que ... Contrairement à XY, je pense que ... Je vois les choses de la même manière / différemment.	Par exemple, / Prenons l'exemple de ... / Je peux citer l'exemple de ...

Méthodes et stratégies

Où vont-ils?

373 425 personnes y sont allées chaque jour en 1996. Vous aussi? (→ p. 121–125)

42 % des moins de 25 ans y vont au moins une fois par an, contre seulement 6 % des plus de 26 ans. (→ p. 111–116)

culture [kyltyr] n. f. (lat. *cultura*). **1.** Action, manière de cultiver le sol, les plantes: *Culture artisanale, industrielle. La culture du blé.* – **2.** Enrichissement de l'esprit; état d'un esprit enrichi par des connaissances variées et étendues: *Toute spécialiste qu'elle est, elle veille à entretenir sa culture générale. Sa culture musicale est très sûre.* – **3.** Ensemble de la production littéraire, artistique, spirituelle d'une communauté humaine: *La culture occidentale. La culture gréco-latine* (syn. CIVILISATION) – // Maison de la culture, établissement géré par l'État, qui a pour but d'assurer la plus vaste audience à la culture, aux arts, etc.

La bibliothèque du Centre Beaubourg est la bibliothèque la plus fréquentée de France: 11 754 visiteurs par jour. (→ p. 108–111)

Les jeunes de moins de 25 ans y vont moins souvent que les plus âgés mais la différence est moins grande qu'on ne pense (27 % contre 31 %). (→ p. 117)

37 % des moins de 25 ans les fréquentent au moins une fois par an. (→ p. 118–120)

Pour vous, la culture qu'est ce que c'est? Est-ce important pour vous d'avoir ce qu'on appelle une bonne «culture générale»? Pourquoi (pas)?

Lecture

Objectif compréhension

A/B *Interpréter une enquête*

1. Regardez d'abord les illustrations: que vous apprennent-elles sur les habitudes de lecture des Français? Résumez les résultats de chaque illustration en une ou deux phrases.
2. Lisez maintenant le texte: quelle illustration commente-t-il? Comparez les informations de l'illustration à celles du texte: quelles informations supplémentaires donne le texte? Quelles interprétations donne-t-il?
3. Pour vous, l'enquête contient-elle des résultats surprenants? Si oui, lesquels?
4. Essayez de trouver des explications plausibles à ces résultats.

Qui lit quoi?

Les livres que l'on possède et ceux que l'on aime

Dis, raconte-moi une histoire! Des romans, tout le monde en redemande. Car la majorité des lecteurs, et les gros lecteurs plus encore que les autres, attendent d'abord des livres qu'ils fassent rêver, et ensuite seulement qu'ils leur apportent des connaissances. D'où le score modeste des dictionnaires et encyclopédies au palmarès des livres préférés: presque tout le monde en possède, au cas où, mais on ne les ouvre pas souvent. Ce sont les jeunes bien sûr – études obligent – qui s'en servent le plus. Et même les très jeunes qui ont la chance de disposer d'encyclopédies vivantes et illustrées pour leur âge, et de livres sur la science nettement plus attrayants que ceux destinés aux adultes. La littérature classique fait, pour les mêmes

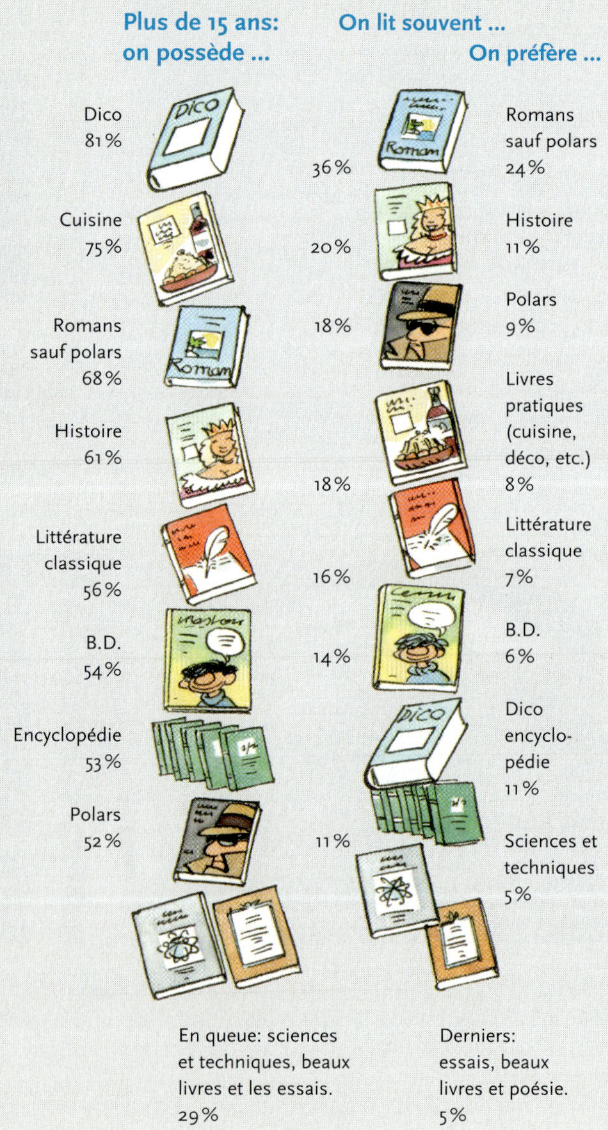

Combien de temps chaque jour?

raisons, son meilleur score de lecture chez les élèves et les étudiants qui, dans leurs loisirs, apprécient trois fois plus les B.D. que leurs aînés. Mais là où les goûts diffèrent vraiment, c'est entre hommes et femmes: ils sont plus de deux fois plus nombreux qu'elles à préférer les romans policiers et la science-fiction, alors qu'elles se régalent des romans sentimentaux qu'ils dédaignent.
Hallucinant: plus de 1 lycéen sur 13 n'ouvre jamais un livre pour la classe. Sans commentaire!

D'après: Science et vie junior, mars 1997

Où et quand lit-on?

Le soir, avant de s'endormir
63% Tous
71% Étudiants et élèves

Chez soi à une autre heure
39% Tous

Dans les transports
9% Tous
37% Parisiens

En week-end, en vacances
34% Ensemble
41% Étudiants et élèves
59% Parisiens

posséder qc: avoir qc; **14 d'où:** *daher;* **14 le score:** le nombre; **16 le palmarès:** liste des vainqueurs dans un concours; **20 au cas où:** *falls;* **23 études obligent:** à cause des études; **27 disposer de qc:** avoir qc, utiliser qc, se servir de qc; **32 nettement plus:** beaucoup plus; **33 attrayant/e:** agréable, séduisant/e, attirant/e; **34 être destiné/e à qn:** être pour qn; **40 apprécier qc:** *ici* aimer qc; **41 un/e aîné/e:** *ici* une personne plus âgée qu'une autre; **42 différer:** être différent; **48 se régaler de qc:** adorer qc; **50 dédaigner qc:** *ici* ne pas aimer qc; **51 hallucinant/e:** *ici* incroyable

Objectif langage

C *Vous pouvez revoir le vocabulaire qui permet de parler d'une enquête.*

1. Relevez dans le texte tous les mots, expressions et structures qui permettent d'évaluer une enquête.
   Exemple: «la majorité de» (l. 4).
2. Complétez cette liste.
   Exemple: «une minorité de», «beaucoup de», etc.
3. Regardez les images suivantes: formulez les informations qu'elles donnent et essayez d'interpréter les chiffres en utilisant les mots, expressions et structures que vous avez relevés en 1 et 2.

Jouent aux jeux vidéo

D *Vous pouvez réviser l'interrogation.*

1. Relevez les questions de l'enquête p. 109. De quel type d'interrogation s'agit-il? Comment la forme-t-on?
2. Reformulez ces questions en utilisant «est-ce que».
3. Quelles autres questions pourrait-on poser dans une telle enquête? Formulez-les.

Projet

1. Préparez vous-mêmes un questionnaire permettant de sonder les habitudes de lecture de vos camarades. Pour cela, partez d'abord de l'enquête présentée ici et transformez-la en questionnaire.
   Exemple:

Combien de temps est-ce que vous lisez par jour?

☐ 1/4 d'heure.

☐ Entre 1/4 d'heure et 1 heure.

☐ 1 heure et plus.

☐ Jamais.

Vous êtes: ☐ un garçon

☐ une fille.

2. Formulez d'autres questions. Regardez aussi celles que vous avez formulées dans l'exercice D.
3. Faites l'enquête dans votre classe, dans votre lycée ou parmi vos correspondants français, et présentez les résultats.

Discussion

Qu'attendez-vous de la lecture? Des informations? De la détente? Du suspense? ...
Parmi les livres que vous avez lus récemment, lequel avez-vous le plus aimé? Pourquoi?

Écriture

Choisissez un livre que vous avez lu dernièrement et écrivez un compte rendu de lecture. Un tel compte rendu comporte deux parties: un résumé de l'histoire et une évaluation personnelle (p. ex.: Que pensez-vous de l'histoire? Des personnages? Du style de l'auteur? Qu'est-ce qui (ne) vous a (pas) plu? Pourquoi?).

Activité

Vous avez la possibilité de choisir 20 livres pour constituer une bibliothèque de classe. Ces livres peuvent recouvrir différents domaines (sciences, littérature, B.D., dictionnaires, grammaires, etc.) et différentes langues (allemand, anglais, français).
Faites des propositions et mettez-vous d'accord.

Pour aller plus loin

La Bibliothèque François-Mitterrand

En 1988, le président de la République François Mitterrand décide la création d'une très grande bibliothèque à Paris, car la Bibliothèque nationale (BN) est devenue trop petite. Après trois ans de construction, la Bibliothèque François-Mitterrand, également appelée Bibliothèque nationale de France (BNF), est inaugurée en 1995 et ouverte au public en 1996. En 1997, y sont transférées les collections de livres et de périodiques de l'ex-Bibliothèque nationale. La Bibliothèque François-Mitterrand se trouve dans le XIIIe arrondissement, sur le site de Tolbiac (7,5 hectares). Il s'agit d'un bâtiment en verre et en bois, construit sur deux niveaux autour d'un bois de pins et entouré de quatre tours en forme de livres ouverts. La bibliothèque générale est payante: 20 F l'entrée. Toutes les personnes de plus de 18 ans ou qui ont le baccalauréat peuvent y entrer. Les salles de lecture sont divisées en un département audiovisuel et quatre départements thématiques: philosophie, histoire et sciences humaines / littérature et art / sciences et techniques / droit, économie et politique. La bibliothèque offre 1 600 places de lecture et 180 000 volumes en 1996. Depuis 1997, les collections de la bibliothèque générale se développent. La bibliothèque de recherche est réservée aux chercheurs uniquement. Elle offre 2 000 places de lecture où les chercheurs peuvent consulter sur place environ 400 000 volumes ainsi que les collections des magasins. Les quatre tours, hautes de 80 mètres, abritent chacune sept étages de bureaux et onze de magasins qui conservent 10 millions de livres en 1998.

13 le pin: *Kiefer;* **23 le volume:** *ici* le livre; **26 consulter qc:** *in etw. nachschlagen;* **26 le magasin:** *ici das Magazin;* **27 abriter qc:** *etw. beherbergen*

Connaissez-vous des bibliothèques semblables?
Une bibliothèque payante: qu'en pensez-vous?

Musique (1)

Approches

1. Qu'associez-vous à la phrase «Il n'y a pas de frontières en musique.»?
2. Regardez la photo de l'homme p. 112. Comment imaginez-vous sa vie, ses activités?

Objectif lecture

A *Faire un portrait*

Faites un portrait de Khaled à partir de l'interview.
– D'où vient-il et quel est son métier?
– Quels sont les traits dominants de son caractère?
– Pour quelles idées lutte-t-il?

B *Faire un résumé*

Lisez le texte, puis faites-en un résumé (→ Méthodes, p. 105).

"Il n'y a pas de frontières en musique"

OKAPI: De vous, on a l'image de l'homme qui ne s'arrête jamais de sourire. Pourquoi, sur toutes les photos ou à la télévision, avez-vous l'air si heureux?

KHALED: Chez moi, en Algérie, quand quelqu'un sourit tout le temps, on dit qu'il est né au printemps. Je dois être une exception puisque je suis né en plein hiver, un 29 février! Je suis naturellement joyeux, ma mère était comme cela. Bien sûr, j'ai des moments de profonde tristesse, mais mon sourire, c'est comme une thérapie. C'est en moi, comme la musique. Je ne connais pas le solfège, mais ça ne m'empêche pas de chanter. Il faut croire que sourire et musique ont toujours coulé dans mon sang!

OKAPI: Pourtant, les événements actuels en Algérie (terrorisme, assassinats ...) n'incitent pas trop à sourire. Comment les vivez-vous?

KHALED: Parfois, la colère me pousse à vouloir y retourner, pour leur montrer que la culture n'est pas morte. Mais mes amis, là-bas, me conseillent de rester en France. Ils me disent qu'ils n'ont plus que moi pour les faire rêver et qu'en France, je ne risque rien. C'est vrai que les terroristes ont tué de nombreux chanteurs de raï, des intellectuels et des milliers de civils. Ils égorgent même des bébés de 13 mois, qui ne parlent pas politique et savent à peine dire «papa» et «maman»! Alors, je me consacre à ma carrière musicale tout en gardant des liens très forts avec mes amis et ma famille restée à Oran.

OKAPI: Ce que vous reprochent les islamistes, c'est de chanter du raï?

KHALED: Le raï a toujours dérangé les islamistes. En arabe, raï, ça veut dire opinion. À travers des images, le chanteur donne son avis sur la vie en général. Ensuite, chacun interprète comme il veut. Les thèmes des chansons tournent autour de l'amour, des jeunes filles, de la liberté de pensée, des thèmes que les intégristes ne supportent pas. Les jeunes en raffolent. Voilà pourquoi on assassine les chanteurs de raï. (...) Ce qui me pousse à chanter, et ce, depuis mon premier 45 tours à 14 ans, c'est la conviction qu'il n'y a pas de frontières en musique. Il y a comme une culture mondiale où chacun vient se servir pour s'inspirer. (...)

OKAPI: C'est Jean-Jacques Goldman qui a écrit «Aïcha». Le fait qu'il soit juif et vous arabe a-t-il provoqué des réflexions autour de vous?

KHALED: J'ai entendu des gens dire que Jean-Jacques n'avait pas le droit d'écrire le prénom Aïcha, que c'était une insulte au monde arabe ... Ces gens-là vivent à l'époque de Cro-Magnon! Moi, je me fiche de savoir s'il est juif ou extraterrestre. C'est un excellent compositeur et sa chanson est superbe. On m'a fait les mêmes réflexions quand ma fille est née, il y a quelques mois. Je l'ai appelée Sarah. C'est surtout un prénom juif et j'ai été obligé de me justifier auprès de certains en leur disant que Sarah était également le nom d'une des femmes du prophète Mohamed. C'est fou ce que la religion peut diriger la vie des gens! Imaginez leurs réactions quand j'aurai un garçon: je veux l'appeler Adam!

Okapi, 8–21 mars 1997

17 le solfège: *ici Notenschrift;* **18 empêcher qn de faire qc:** *jdn daran hindern, etw. zu tun;* **20 couler:** *fließen;* **20 le sang:** *Blut;* **22 un assassinat:** le fait de tuer qn; **23 inciter qn à faire qc:** pousser qn à faire qc, *jdn bewegen, etw. zu tun;* **24 vivre qc:** *etw. erleben;* **26 pousser qn à faire qc:** inciter qn à faire qc; **36 le raï:** musique de rock d'origine algérienne; **38 égorger qn:** tuer qn en lui coupant la gorge *(Kehle);* **41 se consacrer à qc:** *sich etw. widmen;* **43 le lien:** *ici* le contact; **44 Oran:** ville d'Algérie; **45 reprocher qc à qn:** *jdm etw. vorwerfen;* **53 tourner autour:** *ici sich um etw. herum bewegen;* **56 un intégriste:** *Fundamentalist;* **57 raffoler de qc:** beaucoup aimer qc; **58 assassiner qn:** tuer qn; **61 le 45 tours:** un disque de petit format, *Single;* **64 se servir de qc:** *sich etw. bedienen;* **65 s'inspirer:** trouver des idées; **68 le/la juif/-ve:** *Jude/Jüdin;* **69 la réflexion:** *ici Bemerkung;* **73 une insulte:** *Beschimpfung;* **75 se ficher de qc** *fam.:* se moquer de qc; **76 extraterrestre:** qui vient d'un autre monde; **77 le/la compositeur/-trice:** un/une musicien/ne qui écrit une œuvre musicale; **78 superbe:** très beau/belle

Objectif langage

C *Vous pouvez réviser le «de» partitif.*

1. Lisez ces phrases et expliquez l'emploi du «de» partitif. Comparez avec l'allemand.
   «C'est vrai que les terroristes ont tué des milliers de civils.» – «Il n'y a pas de frontières en musique.»
2. Écrivez des phrases sur un concert ou un chanteur. Utilisez le «de» partitif.
   Exemple: «Beaucoup de jeunes sont venus applaudir Khaled à Berlin.»

D *Vous pouvez réviser la concordance des temps dans le discours indirect.*

1. Mettez la phrase suivante au présent, puis expliquez l'emploi de l'imparfait dans le discours indirect. Vérifiez la règle de la concordance des temps dans une grammaire.
   «J'ai entendu dire que Jean-Jacques n'avait pas le droit d'écrire le prénom Aïcha, que c'était une insulte au monde arabe ...»
2. Réécrivez ces phrases au discours indirect.
   «Je suis naturellement joyeux, ma mère était comme cela.»
   «Parfois je voudrais retourner en Algérie, mais mes amis me conseillent de rester en France.»
   «Le raï a toujours dérangé les islamistes parce que les thèmes des chansons tournent autour de l'amour, des filles, de la liberté de pensée ...»
   «J'ai appelé ma fille Sarah et si j'ai un garçon, je l'appellerai Adam.»
   Utilisez:

Khaled a	dit expliqué raconté confié	(au journaliste) que/qu' ...

Discussion

Khaled dit, au cours de l'interview, que le raï dérange les islamistes et qu'à cause de cela on assassine les chanteurs de raï en Algérie. Il y a d'autres endroits dans le monde où l'on peut mourir pour une chanson, une poésie ou une œuvre d'art. À votre avis, pour quelles raisons?

Écriture

Au choix:

1. Écrivez une lettre au chanteur pour lui dire que vous le soutenez dans son combat.
   (Polygram, 16, rue des Fossés St-Jacques, 75005 Paris)
2. Écrivez à votre correspondant/e ou à votre école jumelée pour demander d'autres informations sur Khaled et sur les groupes de raï en France.

Pour aller plus loin

Cheb Khaled (en arabe, «cheb» veut dire «jeune» et «Khaled» «l'éternel») est né à Oran en 1960. Très jeune, il devient chanteur de raï: à 17 ans, il a déjà enregistré plusieurs disques. En 1986, il fait ses débuts en France où il s'installe un an plus tard. Son tube «Didi» le fait connaître en Europe et dans le monde. Mais en Algérie, les intégristes le condamnent pour chanter des thèmes tabous comme l'amour ou l'alcool, et en France, le F.N. essaie d'empêcher ses concerts. Qu'importe! Khaled est devenu le chanteur idole de la jeunesse algérienne. En Tunisie, des milliers de jeunes se déplacent pour le voir. En France, il remporte le césar de la meilleure musique de film pour «Un deux trois soleil» de Bertrand Blier.

3 le tube: une chanson qui a beaucoup de succès; **5 le F. N.:** abréviation de Front National, un parti politique d'extrême-droite fondé en 1972, dont le président est Jean-Marie Le Pen; **6 le césar:** un prix pour le cinéma français

Musique (2)

Approches

«L'amour, c'est ...». Écrivez sur une feuille de papier ce que représente l'amour pour vous. Mettez les feuilles en commun et lisez les résultats. Puis servez-vous de ces phrases pour écrire un poème.

Objectif écoute

1. Écoutez la chanson et essayez de répondre aux questions suivantes:
   - Qui s'adresse à qui?
   - Quel est le thème de la chanson?
   - Quelles sont les phrases qui se répètent? Essayez de noter le refrain.
2. Donnez vos premières impressions sur la chanson. (→ Médias, p. 64)

Aïcha

Comme si j' n'existais pas,
Elle est passée à côté de moi,
Sans un regard, reine de Saba,
J'ai dit Aïcha, prends, tout est pour toi.

Voici les perles, les bijoux,
Aussi l'or autour de ton cou,
Les fruits bien mûrs au goût de miel,
Ma vie, Aïcha, si tu m'aimes,
J'irai où ton souffle nous mène,
Dans les pays d'ivoire et d'ébène,
J'effacerai tes larmes, tes peines,
Rien n'est trop beau pour une si belle.

Oh Aïcha, Aïcha, écoute-moi,
Aïcha, Aïcha, t'en va pas,
Aïcha, Aïcha, regarde-moi,
Aïcha, Aïcha, réponds-moi.

Je dirai les mots, les poèmes,
Je jouerai les musiques du ciel,
Je prendrai les rayons du soleil,
Pour éclairer tes yeux de rêve.

Oh Aïcha, Aïcha, écoute-moi,
Aïcha, Aïcha, t'en va pas,
Aïcha, Aïcha, regarde-moi,
Aïcha, Aïcha, réponds-moi.

Elle a dit garde tes trésors
Moi je vaux mieux que tout ça.
Des barreaux sont des barreaux, même en or
Je veux les mêmes droits que toi.
Du respect pour chaque jour,
Moi, je ne veux que de l'amour.

Comme si je n'existais pas,
Elle est passée à côté de moi,
Sans un regard, reine de Saba,
J'ai dit Aïcha, prends, tout est pour toi.

Oh Aïcha, Aïcha, écoute-moi,
Aïcha, Aïcha, t'en va pas,
Aïcha, Aïcha, regarde-moi,
Aïcha, Aïcha, réponds-moi.

Musique: Jean-Jacques Goldman
Texte: Jean-Jacques Goldman / Khaled Hadj Brahim
Chanté par: Khaled

3 la reine: *Königin,* la reine de Saba est la reine d'un royaume légendaire mentionné dans la Bible; **5 les bijoux** *m.: Schmuck(stücke);* **6 l'or** *m.:* Gold; **7 mûr/e:** *reif;* **7 le miel:** *Honig;* **9 le souffle:** *Atem;* **10 l'ivoire** *m.: Elfenbein;* **10 l'ébène** *m.:* un bois exotique noir et très dur; **11 effacer qc:** *ici* arrêter qc; **19 le rayon:** *Strahl;* **25 le trésor:** une chose précieuse; **27 le barreau:** *Gitterstab*

Objectif compréhension

A *Comprendre les paroles*

1. D'après vous, qui est Aïcha? Que peut-on dire de son caractère? Que veut-elle?
2. Qui est celui qui s'adresse à elle? Que veut-il? A-t-il du succès?
3. Caractérisez l'atmosphère générale de la chanson.

B *Comparer la chanson avec l'interview, p. 112*

1. Si vous avez lu l'interview précédente de Khaled, pouvez-vous retrouver dans la chanson certains thèmes dont parle le chanteur?
2. D'après l'interview, pourquoi cette chanson ne peut-elle pas être appréciée des intégristes?

Créativité

Imaginez le scénario et les images d'un clip pour cette chanson (→ Projet, p. 127).

Musique (3)

Objectif lecture

A *Comprendre les idées générales d'un texte*

1. Lisez ces trois textes en essayant de comprendre leur contenu général:
   – de quoi/de qui parlent-ils?
   – à qui s'adressent-ils?
   – où peut-on trouver ce genre de texte?
2. Quel est le texte le plus positif? le plus neutre? Justifiez votre réponse.

B *Comprendre les détails d'un texte*

1. Regroupez dans chacun des trois textes toutes les informations concernant le groupe, ses albums, son style musical.
2. Si vous deviez vous décider à acheter un des trois CD, lequel prendriez-vous?
3. Écoutez le début des trois chansons et retrouvez la critique correspondante.

CRITIQUES

■ Noir Désir – textes de combat

Les quatre hommes de Noir Désir sont avant tout des rockeurs, purs et durs, marqués par la musique psychédélique anglo-saxonne (Doors, Velvet Underground).
Depuis son dernier album, «Dies Irae», enregistré en public, Noir Désir semblait avoir pris quelques distances avec le métier. Le voici revenu avec un disque au titre énigmatique, «666667 Club», qui commence très fort.
En fait les onze titres de l'album ne sont pas tous de la même eau. Ce qui frappera le plus les amateurs de chanson française, c'est que ce disque reste délibérément rock. Le groupe nous apporte une confirmation: dans le rap comme dans le rock la chanson à texte revient en force.

D'après: Le français dans le monde nº 288/97

■ Oui Enzo

Le nouvel album d'Enzo Enzo, «Oui», confirme que derrière l'apparente fragilité de l'interprète de «Juste quelqu'un de bien» se cache un auteur raffiné mais solide. On retrouve sur ce disque ses compositeurs favoris, Jean-Claude Vannier, François Bréant et Kent. Un plaisir.

D'après: Le français dans le monde nº 290/97

■ Soon E MC – «Intime Conviction»

Le rappeur (...) Soon E MC nous offre avec son deuxième album, un festival musical d'instruments traditionnels; sa musique et sa voix sont exceptionnelles. Les textes sont précis et vrais, ils parlent de la vie, de sa férocité, son injustice, du racisme, du sida, de la guerre, du chômage. Soon E MC a débuté en 1981. C'est en avril 1992 qu'il sort son premier single qui s'intitule «Élucider ce mystère», puis en novembre un mini album de huit titres «Rap Jazz Soul». En novembre 1993, l'album «À tout point de vue» voit le jour. Pour son dernier album, Soon a de nouveau fait appel à des musiciens live et ça se sent.

Conclusion: Magnifique! Cet artiste au talent exceptionnel a su concilier le rap au jazz avec une certaine influence reggae.

Impression personnelle:

J'ai adoré le style jazzy, l'orgue Hamond et les solos de cuivres.

D'après: Texto, décembre 1996

1 le combat: *Kampf;* **2 un rockeur pur et dur:** un vrai rockeur; **7 de la même eau:** du même genre; **7 frapper qn:** *ici* surprendre qn, étonner qn; **7 un amateur:** *ici* une personne qui aime qc, p.ex. la musique; **8 délibérément:** consciemment, exprès; **8 la confirmation:** *Bestätigung;* **11 apparent/e:** *scheinbar;* **13 raffiné/e:** qui est très fin/e, subtil/e; **13 le/la compositeur/-trice:** un/e musicien/ne qui écrit une œuvre musicale; **17 le/la rappeur/-euse:** le/la chanteur/-euse de rap; **18 exceptionnel/le:** (*du nom* exception) *ici* extraordinaire; **19 la férocité:** *ici* la dureté; **20 le sida:** *Aids;* **21 s'intituler:** avoir pour titre; **21 élucider qc:** rendre clair qc, expliquer qc; **24 faire appel à qn:** demander de l'aide à qn; **25 concilier une chose à une autre:** faire aller ensemble, rendre harmonieux; **28 un orgue:** *Orgel;* **28 les cuivres** *m.: ici* les instruments de musique comme le saxophone, la trompette, etc.

Objectif langage

C *Vous pouvez réviser le vocabulaire de la musique.*

1. Recherchez dans chacune des critiques les mots qui ressemblent à ceux utilisés en anglais ou dans une autre langue étrangère. Quels sont ceux qui semblent 100 % anglais? Plus ou moins francisés? Que pouvez-vous en déduire sur le langage de la musique?
2. Recherchez les mots «rap», «rappeur», «soul», «live» et «jazzy» dans un dictionnaire récent. Les y trouve-t-on tous? À votre avis, pourquoi?

D *Vous pouvez réviser et compléter le vocabulaire de la critique.*

1. Relisez les trois textes et relevez les mots et expressions qui servent à exprimer la critique.
2. Classez ces expressions du plus positif au négatif.
3. Complétez votre liste par d'autres mots et expressions que vous connaissez.
4. Votre correspondant/e vous a demandé de lui recommander un groupe ou chanteur allemand. Écrivez-lui quelques lignes en utilisant le vocabulaire de C et D.

Créativité

Écrivez vous-mêmes des critiques de disques de chanteurs ou groupes que vous aimez. Puis mettez-les en commun et faites un hit-parade des cinq meilleurs titres.

Projet

Faites des recherches sur la musique qu'écoutent les jeunes en France. Pour cela, vous pouvez vous adresser à l'Institut Français de votre région ou bien au Bureau musique de l'Institut français de Mayence (Schillerstraße 11, 55116 Mainz). N'oubliez pas non plus vos correspondants ou votre classe jumelée.

Peinture

Pablo Picasso: Tête d'une femme qui lit

Auguste Renoir: Jeune fille qui lit

Édouard Manet: Portrait d'Émile Zola

Henri de Toulouse-Lautrec: Yvette Guilbert

Objectif compréhension

Voici quatre portraits d'un style très différent. Choisissez le portrait qui vous plaît le plus et décrivez-le: que voit-on sur la peinture? Que peut-on deviner? Où se trouve la personne? Quelle est l'expression de son visage? Quelle pourrait être son occupation, etc.?
Vous pouvez utiliser:

Au premier plan, À l'arrière plan, À droite, À gauche, Au fond,	on voit ...

Il s'agit d'un portrait	réaliste. caricatural. cubiste.

La jeune fille La femme L'homme	est en train de ...	
	est	absorbé/e par ...
	a	les yeux (grand) ouverts. les paupières fermées.
	a l'air	très sérieux/-euse. moqueur/-euse. rêveur/-euse. pensif/-ive.

Sur ses lèvres, on voit un (petit) sourire (moqueur).

La peinture Le tableau La toile	dégage une atmosphère	de calme. de sérénité.

Le peintre a choisi des couleurs	sombres. tristes. gaies. criardes. contrastées.

Activité

Documentez-vous sur la vie et l'œuvre d'un de ces quatre peintres et présentez un exposé à vos camarades.

Parcs d'attractions

Approches

Regardez les photos, p. 119–120. Que montrent-elles? Quelles impressions vous suggèrent-elles?

Objectif lecture

A *Comprendre le texte d'un prospectus*

1. Lisez le premier paragraphe: Qu'apprend-on sur le «Futuroscope»? Que promet-on au lecteur?
2. Lisez maintenant ce qu'on écrit sur chaque salle: Dites en quoi ces six salles diffèrent des salles de cinéma classiques.

B *Analyser les moyens stylistiques utilisés dans un prospectus*

1. Relisez chaque paragraphe: Par quels moyens l'auteur du prospectus essaie-t-il de motiver le lecteur à visiter le Futuroscope?
2. Trouvez-vous le nom «Futuroscope» bien choisi? Justifiez votre réponse.

Les merveilles du Futuroscope

Le Futuroscope de Poitiers porte bien son nom. On entre dans un autre siècle ... Aimez-vous le cinéma? Vous intéressez-vous à l'architecture de demain? Avez-vous envie non seulement de voir des films mais d'y entrer physiquement? Au Futuroscope, l'image n'est plus seulement un plaisir intellectuel et agréable, c'est une aventure. Choisissez votre cinéma.

Les cinémas dynamique 1 et dynamique 2

Défense d'entrer si vous êtes cardiaque: ici vous partagez depuis votre siège tous les mouvements de l'action du film. Tenez-vous bien! Les fauteuils montés sur vérins hydrauliques basculent d'avant en arrière, à droite et à gauche, accompagnant le mouvement des images souvent terrifiantes. Vous tombez dans le vide avec cet homme qui hurle sur l'écran. Ah non, c'est vous qui hurlez ...

◀ L'Imax

À l'entrée de la salle, on vous donne des lunettes spéciales. L'image vous apparaît en trois dimensions, comme dans la réalité. Et d'ailleurs, où est la réalité, où est la fiction? L'histoire que vous vouliez REGARDER devient la vôtre. Vous tendez la main, vous essayez de retenir cette jeune femme qui s'avance vers vous et qui, soudain, vous échappe.

Le tapis magique ▶

Là vous franchissez encore une nouvelle étape du spectacle total: deux écrans géants (chacun de 700 m^2) vous engloutissent: l'un est devant vous, l'autre sous vos pieds. Vous flottez à l'intérieur d'images d'une qualité extraordinaire. Vous êtes loin, très loin, quelque part sur un tapis magique, et d'ailleurs vous ne savez plus qui vous êtes.

◀ Le Kinémax

Vous entrez dans un bâtiment en forme de cristal de roche. 35 mètres de haut, plus de 4000 m^2 de miroir pour les façades, à l'intérieur un écran haut comme un immeuble de sept étages: mais comme les chiffres sont abstraits! Ils ne peuvent pas rendre compte de l'émerveillement que vous ressentez lorsque vous voyez défiler les images. Et ce n'est pas tout. À la fin du spectacle, des vérins hydrauliques soulèvent l'écran: vous pouvez passer en dessous pour rejoindre les rives du lac ... et retrouver vos esprits.

Le Cinéautomate

Jusque-là vous n'étiez qu'un petit Poucet englouti par l'image. Ici, vous agissez: le film s'arrête à certains moments-clés du scénario et vous choisissez vous-même, parmi plusieurs suites possibles, celle que vous voulez lui donner. Un système électronique enregistre votre choix; la suite programmée est celle que le plus grand nombre de spectateurs a retenue. Peut-être la vôtre.

Sylvie Gonsolin

9 cardiaque: qui a une maladie de cœur; **10 se tenir:** *sich festhalten;* **10 le vérin hydraulique:** *hydraulische Hebebühne;* **10 basculer:** *(um)kippen;* **11 terrifiant/e:** qui fait très peur; **12 le vide:** *Tiefe, Abgrund;* **12 hurler:** crier très fort, **23 le tapis:** *Teppich;* **25 engloutir qn** *fig.: jdn verschlingen;* **26 flotter:** *schweben;* **31 le cristal de roche:** *Bergkristall;* **32 le miroir:** *Spiegel;* **35 rendre compte de qc:** *etw. berichten;* **35 l'émerveillement** *m. (de* merveille): l'état d'une personne qui est enchantée; **36 défiler:** se succéder sans arrêt; **38 soulever qc:** *etw. heben;* **39 la rive:** le bord d'un lac, d'une rivière, etc.; **42 le petit Poucet:** *Däumling;* **47 enregistrer qc:** *ici etw. registrieren;* **49 retenir qc:** *ici* choisir qc

Objectif langage

C *Vous pouvez réviser l'exclamation.*

1. Traduisez: «Comme les chiffres sont abstraits!» (l. 34).
2. Consultez une grammaire: Comment peut-on encore exprimer une exclamation?
3. Faites des phrases exclamatives pour dire que:
   – le Futuroscope est bien;
   – le Kinémax est étonnant;
   – vous adorez le cinéma;
   – ce parc d'attractions est intéressant;
   – vous avez passé une belle journée.
4. Présentez un parc d'attractions ou un musée de votre région. Utilisez des phrases exclamatives et quelques-uns des moyens stylistiques que vous avez relevés en B (Objectif lecture).

Discussion

1. Vous avez l'occasion de passer deux heures dans le Futuroscope et vous pouvez visiter deux des cinémas que présente le prospectus. Faites votre choix et mettez-vous d'accord.
2. Êtes-vous déjà allés dans un parc d'attractions? Si oui, lequel? Est-ce que cela vous semble une façon intéressante de se distraire? Formez deux groupes: ceux qui sont pour et ceux qui sont contre. Rassemblez vos arguments et discutez-en.

Projet

Le Futuroscope organise des séjours de cinq jours pour les classes de toute l'Europe. Pendant ce séjour, les élèves peuvent découvrir le parc comme ils le veulent. Documentez-vous sur ce type de séjour. Pour cela vous pouvez écrire, téléphoner ou vous informer sur l'Internet:
Parc du Futuroscope, BP 3030, F-86130 Jaulnay-Clan, téléphone: 0033/5/49 49 30 20,
http://www.futuroscope.com

Cinéma (1)

Approches

1. Combien de fois par mois allez-vous au cinéma? Quels films y regardez-vous de préférence?
2. Y a-t-il un film qui est ou qui a été très important pour vous? Réfléchissez seuls pendant quelques minutes, puis mettez vos idées en commun. Si vous n'avez pas d'idées sur un film, posez-vous la même question sur un livre ou un morceau de musique.

Objectif lecture

A *Faire des hypothèses sur un texte*

1. Imaginez le contenu du texte à partir de son titre.
2. Voici une liste des thèmes du texte: l'amitié, la passion du cinéma, l'adolescence. Essayez d'imaginer comment ces thèmes sont reliés.
3. Lisez le texte et résumez son contenu.

B *Lire de façon sélective*

1. Lisez le texte en vous demandant qui sont les deux protagonistes et ce qui va les lier profondément.
2. Faites le portrait d'Henry: son physique, son caractère.
3. Imaginez le portrait de Charly.

Le film que j'attendais

1965: Henry S. Bordeaux et Charly Boulanger vivent à Liège ...

Charles Aznavour dans «Tirez sur le pianiste»

Nous avions seize ans, Henry et moi, lorsque notre amitié commença. J'étais interne au collège Saint-Ignace. C'était un nouveau. Le jour de la rentrée, on nous avait placés sur le même banc (hasard alphabétique des noms Bordeaux et Boulanger).

Je n'étais guère heureux, en ce temps-là. Mon père, un entrepreneur, venait de faire faillite – le genre de déshonneur que notre bourgeoisie provinciale pardonne le moins. Ma famille s'était exilée dans un autre coin du pays. Quant à moi, je restais dans le même collège, en pension. Mais, la veille de la rentrée, j'avais vu «Tirez sur le pianiste», de François Truffaut. C'était le film que j'attendais: un hymne à la timidité. Coup de foudre pour ces trois filles contrastées, ces trois fées quotidiennes: Marie Dubois, Nicole Berger, Michèle Mercier. Coup de foudre pour Aznavour, le petit pianiste nommé Charlie, comme moi. Coup de foudre pour la musique sublime de Georges Delerue.

Ce film m'avait fait rire tout haut. Il m'avait ému. Il m'avait parlé tout bas, comme un roman. Ce film me comprenait.

Ce matin-là (car le Normandie ouvrait dès dix heures), assis au milieu de la troisième rangée, j'avais trouvé ma raison d'être. À dix heures, j'étais un adolescent désorienté. À midi, j'étais un futur cinéaste. Je découpai dans Cinémonde une photo de François Truffaut et je la glissai dans mon portefeuille.

J'observais mon nouveau voisin de banc. Chétif, livide, fébrile et taciturne ... drôle d'oiseau. Il sortait parfois des lunettes de sa poche et les employait à la manière d'un monocle, pour déchiffrer quelque chose sur le tableau. Je le savais enfant unique, orphelin de mère.

Un jour, parmi les uniformes bleus de ses livres scolaires, j'aperçus une lueur: la couverture jaune d'un exemplaire antique des «Cahiers du Cinéma» ...

François Truffaut avec l'actrice Fanny Ardant

Ouvrant mon portefeuille, j'exhibai la photo de François Truffaut.

(...)

Dans les couloirs de notre collège, dans la rue, il avait l'air absent. Il ne saluait personne. Son monde était flou: aucune profondeur de champ. Henry ne daignait porter ses lunettes qu'à l'intérieur d'un cinéma. Et ce qui arrivait dans cette pénombre le passionnait. Alors, il rencontrait des femmes dignes d'être aimées, il chantait sous la pluie. Alors, il était dans sa patrie.

Bernard Gheur: La bande originale, p. 9–11 Éditions Quorum 1966

2 Liège: ville belge, *Lüttich;* **4 un/e interne:** élève d'un internat; **6 le hasard:** *Zufall;* **9 un entrepreneur**: *Unternehmer;* **9 faire faillite:** faire banqueroute; **10 le déshonneur:** la honte; **12 quant à moi:** en ce qui me concerne; **13 la veille:** le jour avant; **14 François Truffaut** (1932–1984): un cinéaste français; **16 le coup de foudre:** *Liebe auf den ersten Blick;* **17 quotidien/ne:** de chaque jour, *alltäglich;* **20 sublime:** merveilleux/-euse; **22 émouvoir qn:** *jdn berühren, bewegen;* **25 le Normandie:** un cinéma; **27 trouver sa raison d'être:** trouver le sens de sa vie; **29 découper qc:** *etw. ausschneiden;* **30 glisser qc:** *ici* mettre qc; **30 le portefeuille:** *Brieftasche;* **32 chétif/-ive:** *schwächlich;* **33 livide:** très pâle; **33 fébrile:** *ici* nerveux/-euse, agité/e; **33 taciturne:** qui parle peu; **33 drôle d'oiseau** *fam.: komischer Kauz;* **35 déchiffrer qc:** *etw. entziffern;* **36 un/e enfant unique:** un/une enfant qui n'a pas de frères et sœurs; **37 un/e orphelin/e:** un/e enfant qui a perdu son père / sa mère; **39 la lueur:** *Lichtschein;* **39 la couverture:** *ici* le dessus d'un livre, d'une revue, etc.; **41 exhiber qc:** montrer qc; **43 le couloir:** *der Gang;* **45 flou/e:** *unscharf;* **45 la profondeur de champ:** *ici Sehweite;* **46 daigner faire qc:** *etw. zu tun geruhen;* **47 la pénombre:** *Halbdunkel;* **48 digne de:** *würdig;* **50 la patrie:** *Heimat*

Objectif langage

C *Vous pouvez revoir les verbes et leurs prépositions.*

1. Traduisez: «le film que j'attendais». Quelle est la difficulté pour un apprenant allemand?
2. Trouvez au moins cinq verbes qui vous posent des problèmes parce qu'ils sont suivis d'une préposition. Formez une phrase avec chacun de ces verbes.
3. Complétez, si nécessaire, le texte suivant par des prépositions.
   «Dans ce texte, Charly Boulanger se souvient [?] son amitié avec Henry Bordeaux. Charly était dans une situation difficile: son père avait fait faillite et il avait besoin [?] se changer les idées. Le film était une révélation. Charly se rappellera toujours [?] ce jour mémorable. Un jour, il découvre que Henry, lui aussi, a une passion pour le cinéma. Charly demande [?] Henry [?] l'accompagner au Normandie. C'est le début de leur amitié. Plus tard, Charly écrit [?] Truffaut: il remercie [?] le cinéaste [?] monde qu'il lui a fait découvrir. Il ajoute que ses films ont aussi beaucoup aidé [?] son ami [?] surmonter sa crise d'adolescence.»

D *Vous pouvez réviser l'utilisation des pronoms objet.*

1. Relevez dans le texte tous les pronoms objet.
2. Transformez les pronoms objet de la 1e personne sing. ou pl. à la 3e personne du sing. ou du pl.:
   Exemple: «on nous avait placés sur le même banc» (l. 5) → «on les avait placés sur le même banc».
3. Complétez par les pronoms objets de la 3e personne:
   «Henry raconte: "On [?] avait assis à côté de moi. Je [?] trouvais sympathique mais je n'osais pas [?] parler. J'étais trop timide. Un jour, il m'a montré une photo. Je ne [?] voyais pas très bien. J'ai sorti mes lunettes pour [?] regarder: c'était une photo de Truffaut. ‚Truffaut', [?] ai-je dit, et c'était bien la première fois, que je [?] adressais la parole. Alors, j'ai sorti de dessous mes livres une vieille revue des ‚Cahiers du Cinéma', et je [?] [?] ai montrée. Il m'a demandé si je pouvais [?] prêter la revue, juste pour une nuit. Le lendemain, il me [?] a rendue et c'est comme ça que nous sommes devenus amis".»

Cinéma (2)

Approches

Regardez la photo: quel âge pourrait avoir l'actrice? Comment imaginez-vous le film «La petite voleuse»?

Objectif lecture

A *Lire un scénario et en dégager les grandes lignes*

1. Survolez le texte pour dégager les parties descriptives du scénario.
2. Commencez par lire ces parties: qu'apprend-on sur les personnages principaux de cette scène? sur les lieux? sur l'ambiance générale?
3. En quoi le langage de ces parties descriptives diffère-t-il des parties narratives d'un roman?
4. Relisez maintenant le scénario avec les dialogues. Étudiez la relation dialogues – descriptions: où les dialogues illustrent-ils, où complètent-ils, où commentent-ils les parties descriptives? Qu'est-ce qui est plus important ici pour se faire une idée du film: les dialogues ou les descriptions?
5. Lisez les lignes 85–96. Comment imaginez-vous le ton de ce dialogue?

B *Comparer le scénario au film**

1. Faites d'abord les exercices de A.
2. Regardez maintenant la scène correspondante du film: Trouvez-vous le texte bien traduit en images? Y-a-t-il quelque chose que vous imaginiez différemment? Si oui, quoi?
3. Regardez le film encore une fois en l'arrêtant autant de fois que nécessaire: est-il tout à fait fidèle au scénario? Comparez de façon précise le scénario et les images (p. ex. les mouvements de la caméra, les plans → Projet, p. 127).

* Le film est disponible à Linguavideo, Königswinter

La petite voleuse

1950. Janine et Raoul, les héros du film, sont en fuite après avoir volé les patrons de Janine.

1.
Petit matin frisquet.
La «Terrot» trace la route.
Le butin a été emballé à la diable, dans des ballots, à l'arrière, sur les genoux de Janine, un peu partout.

2.
Une petite ville endormie traversée à toute allure.
Un vieux bateau de pêche échoué.
Un terrain vague.
Enfin, Raoul stoppe la moto.
Tout est désert.
Il relève ses lunettes de motard sur son front bleui de froid.
Janine reste assise dans le side-car. Engourdie.
Comme Raoul, elle a les yeux fixés devant elle.
La plage, immense.
Et la mer, toute grise.
Visiblement, c'est la première fois qu'ils la voient.
Silence. Puis:

RAOUL: Ça te plaît?
JANINE: Je la voyais pas de cette couleur-là.

3.

D'un coup, le soleil réchauffe tout.
Janine, en maillot de bain noir, court sur la plage, plonge dans les rouleaux, s'ébroue dans les vagues.

4.

Maintenant, entre la mer et les prés, un creux dans l'immense moutonnement de dunes blanches, et deux tentes de toile orange minuscules. L'une leur sert de chambre à coucher, l'autre d'entrepôt pour la camelote volée.
Devant l'une d'elles, Raoul, en slip, serviette éponge sur les épaules, se rase au blaireau.
Savon à barbe sur tout le visage, sauf sous le nez.
Janine se jette sans crier gare! et toute mouillée contre le dos nu du jeune homme.
Il ne l'a pas entendue arriver. Il hurle de saisissement.

RAOUL: Ah! non merde! t'es con! j'me suis coupé!

Chahut. Rigolade. Il la course en essayant de lui refiler des coups de serviette.

RAOUL: Tu vas voir! Saloperie! Saleté humaine!

Il lui saute dessus. La bloque. À califourchon.
Fou rire de Janine.
Raoul désigne l'espace sous son nez.

RAOUL: T'as vu? Je me laisse pousser les moustaches!
JANINE: *(gaiement)* Ah! non, c'est tarte les moustaches!
RAOUL: Mais non, c'est pas tarte du tout! Dans deux semaines, je me repointe en ville, personne me reconnaît plus! Je suis «incognito»!
JANINE: Et alors?
RAOUL: Alors on se paie une vraie moto, et à nous la belle vie poulette!

Tout gringalet, torse étroit et blanc, jambes maigres et poilues, il pousse un hululement sauvage.

RAOUL: Tu l'as pas vu jouer, «Tarzan dans les Mines de Gruyère»?

5.

Dans le pré voisin, une fermière – poitrine forte sous le pull marron – mène les vaches à paître. Elle aperçoit, sur la dune, les deux petits corps nus et blancs qui à présent se mélangent. Son visage exprime beaucoup de curiosité et peu d'indulgence.

6.

Soir. Feu de camp. Trois pierres, un paquet de brindilles, une gamelle d'ouvrier, Janine fait la tambouille.
Accroupie, elle souffle sur les braises pour les attiser.
Vieux short, haut de maillot de bain. – On dirait Harriet Anderson dans «Un été avec Monika».
Raoul débouche du sommet de la dune, avec une musette pleine et bosselée qu'il brandit tout joyeux:

RAOUL: Eh, je suis tombé sur des bancs à huîtres!

Puis il s'arrête, comme troublé de la voir s'activer ainsi.
Si gracieuse, charmante et simple.
Il s'approche, puis s'assied, à quelques mètres d'elle.
Pour rien. Pour la regarder.
Elle lui sourit sans cesser de travailler.
Un sourire fugitif, lumineux, précaire comme le bonheur.

7.

Myriades d'étoiles.
Devant le feu de camp, Raoul étreint doucement Janine, puis lève les yeux vers le ciel.

RAOUL: Paraît qu'y a personne là-dessus!
JANINE: Ah bon? Elles servent à rien alors?

RAOUL: Ben non. Elles travaillent pas. Elles sont comme nous. Elles brillent, elles sont belles, et puis c'est tout. Elles sont comme toi ma jolie. Alors que sur terre, on se troue le cul à travailler, t'as pas remarqué?

JANINE: Mmmm ...
RAOUL: Non. Ce qu'est beau, c'est ce qui travaille pas, c'est ce qui sert à rien, c'est le luxe quoi!
JANINE: Si c'est ça, alors j'en veux, tu m'en donneras ...?

Il l'entoure de ses bras. Elle se blottit. Le cœur qui bat fort. Sombre plaisir des soirs légers.

La petite voleuse, scénario de Claude Miller / Christian Bourgeois 1989

3 le petit matin: *Morgendämmerung;* **3 frisquet/te:** un peu froid/e; **4 la Terrot:** marque d'une moto; **4 tracer** *fam.: ici* rouler très vite; **5 le butin:** ce qu'on a volé; **5 emballer qc:** mettre un objet dans un paquet pour le transporter; **5 à la diable:** sans soin; **5 le ballot:** *Bündel;* **7 à toute allure:** à toute vitesse; **8 un bateau échoué:** *ein gestrandetes Boot;* **9 le terrain vague:** un terrain sans construction; **14 engourdi/e:** *starr, steif;* **24 le rouleau:** une longue vague; **24 s'ébrouer:** *sich schütteln;* **25 le creux:** *Mulde;* **26 le moutonnement:** (*du nom* mouton) *Schäumen;* **27 la toile:** le tissu; **28 un entrepôt:** *Lager;* **29 la camelote** *fam.:* la marchandise;

30 la serviette éponge: *ici Frotteetuch;* **31 le blaireau:** *Rasierpinsel;* **33 sans crier gare:** sans prévenir; **35 hurler:** crier très fort; **35 le saisissement:** l'effet de sensation qu'on éprouve p. ex. au contact du froid; **37 con/ne** *fam.*: imbécile, idiot/e; **38 la rigolade** *fam.*: le rire; **38 courser qn:** poursuivre qn en courant; **39 refiler qc** *fam.*: donner qc; **40 la saloperie** *fam.*: une chose sale, mauvaise; **40 la saleté** (*de l'adj.* sale): *Schmutz;* **41 à califourchon:** *ici* quand on est assis à cheval p. ex. sur une chaise; **42 le fou rire:** un rire qu'on ne peut pas maîtriser; **43 désigner qc:** *ici* montrer qc; **46 tarte** *fam.*: moche ou ridicule; **49 se repointer** *fam.*: arriver de nouveau; **53 poulette** *fam.*: *Schätzchen;* **54 gringalet:** maigre et petit; **54 le torse:** le buste; **55 poilu/e:** *behaart;* **55 le hululement:** le cri des oiseaux de nuit; **57 Gruyères:** une commune suisse, *aussi* un fromage suisse à trous; **58 la poitrine:** *Brust;* **59 paître:** manger l'herbe dans un pré; **62 l'indulgence** *f.*: *Nachsicht;* **64 la brindille:** une petite branche; **64 la gamelle:** un petit plat en métal dans lequel on transporte de la nourriture; **64 faire la tambouille** *fam.*: faire la cuisine; **66 être accroupi:** *hocken;* **66 la braise:** *(Holz-, Kohlen-)Glut;* **66 attiser (un feu):** *schüren;* **70 déboucher:** *ici* arriver; **71 la musette:** *ici* un sac de toile; **71 bosselé/e:** *verbeult;* **71 brandir qc:** *etw. schwenken;* **72 un banc d'huîtres:** *Austernbank;* **75 gracieux/-euse:** *ici* joli/e, mignon/ne; **79 cesser de faire qc:** arrêter de faire qc; **80 fugitif/-ive:** bref/brève, court/e; **80 lumineux/-euse:** (*du nom* lumière) brillant/e; **80 précaire:** *ici* court/e, fragile; **83 étreindre qn:** embrasser qn, serrer qn; **90 le cul** *vulg.*: *Arsch;* **90 se trouer le cul** *fam.*: faire de grands efforts; **97 se blottir (contre qn):** se serrer contre qn

Discussion

1. Est-ce que cette scène vous a plu? Justifiez votre réponse.
1. Janine a «un sourire fugitif, lumineux, précaire comme le bonheur» (l. 80). Pensez-vous que le bonheur des deux amants durera?
2. Que pensez-vous de la philosophie de la vie de Raoul: «Ce qu'est beau, c'est ce qui ne travaille pas, c'est ce qui sert à rien, c'est le luxe, quoi!» (l. 93)

Discussion sur le film
1. Regardez le début du film. Essayez ensuite d'imaginer ce qui va se passer.
2. Regardez la fin du film: vos hypothèses sont-elles vérifiées?
3. Si vous avez regardé le film entier: l'avez-vous aimé? Comment avez-vous trouvé les deux acteurs? En quoi est-il représentatif des problèmes de certains adolescents? En quoi est-il dépassé?

Vocabulaire thématique

La lecture

J'attends d'un livre qu'il	me fasse	rêver. passer le temps.	
	m'instruise. m'apporte des connaissances.		*belehren*

Je lis pour	le plaisir. me détendre. m'informer. découvrir un autre univers.

adorer les détester les	romans poèmes récits de voyage		
avoir horreur des	livres	de science-fiction d'aventure	
dédaigner les s'intéresser aux	(romans) policiers encyclopédies		
emprunter des			à la bibliothèque

Un livre est	bien écrit. ennuyeux. complexe. **émouvant.**	*anrührend*
Une intrigue est	intéressante. compliquée. difficile à suivre. passionnante. pleine de suspense.	
L'histoire est racontée	de façon chronologique. par **retours en arrière.**	*die Rückblende*
Le langage est	recherché. imagé. précis. simple.	

La musique

composer enregistrer interpréter	une chanson	(Pour parler d'une chanson, voir p. 64)

s'inspirer de (la musique folklorique)	
être influencé/e par différents **courants musicaux**	*Musikrichtungen*
être marqué/e par	*geprägt sein*
concilier (le rap) avec le (jazz)	*verbinden, versöhnen*
sortir un album	*herausbringen*
débuter en (1995)	
fonder un groupe	*gründen*

Le cinéma

regarder des	films d'amour films d'action dessins animés films historiques
Une scène est	violente. poétique. romantique. kitsch.
Les acteurs	m'ont impressionné/e. m'ont plu. ont bien joué leur rôle.
	sont merveilleux. sont très expressifs.

Projet: Tourner un film-vidéo

Écrire le scénario

1. Vous voulez faire un clip thématique (p. ex. sur un poème ou une chanson):

Dans ce cas vous recherchez des images qui illustrent le texte dit ou chanté en voix off, ou des images qui font contraste avec lui, le prolongent, l'interprètent.

Chez la fleuriste

Un homme entre chez une fleuriste
et choisit des fleurs
la fleuriste enveloppe les fleurs
l'homme met la main à sa poche
pour chercher l'argent
l'argent pour payer les fleurs
mais il met en même temps
subitement
la main sur son cœur
et il tombe

En même temps qu'il tombe
l'argent roule à terre
et puis les fleurs tombent
en même temps que l'homme
en même temps que l'argent
et la fleuriste reste là
avec l'argent qui roule
avec les fleurs qui s'abîment
avec l'homme qui meurt
évidemment tout cela est très triste
et il faut qu'elle fasse quelque chose
la fleuriste
mais elle ne sait pas comment s'y
prendre
elle ne sait pas par quel bout
commencer

Il y a tant de choses à faire
avec cet homme qui meurt
ces fleurs qui s'abîment
et cet argent
cet argent qui roule
qui n'arrête pas de rouler.

Jacques Prévert: Paroles, Gallimard 1949

Exemple d'images illustrant le texte:
- Vous pouvez représenter et jouer toute la scène du poème: un magasin de fleurs, un homme y entre, etc.
- Vous pouvez choisir des images thématiques et symboliques. Le thème des fleurs peut être illustré par un magasin de fleurs, un bouquet de fleurs, le gros plan d'une rose, des fleurs jetées par terre, fanées, etc.

Exemples d'images dépassant le texte ou faisant contraste:
- On peut imaginer des scènes que «voit» le mourant: il offre le bouquet à sa femme. La fleuriste compte l'argent de sa caisse, les passants passent en riant dans la rue, etc.

2. Vous voulez créer une histoire à partir du texte:

1. Écrivez d'abord un *synopsis.*
   Le synopsis forme le noyau du scénario.
   Les grands traits de l'histoire y sont esquissés.
   Exemple:

Qui:	un homme, une fleuriste
Où:	une petite ville dans le sud de la France
Quand:	un jour de septembre / de juin
Quoi:	achat de fleurs, mort

Complétez votre synopsis:
Précisez l'âge des personnages, leur situation, pourquoi et pour qui l'homme achète-t-il des fleurs? La fleuriste connaît-elle son client?

2. Décidez du style d'ensemble de votre film:
comique? humoristique? tragique? poétique? réaliste (style de reportage)? Images, musique, jeu des acteurs, dialogues tout va en dépendre.

3. Composez ensuite le *scénario:*
Divisez en *séquences* les différents mouvements de l'action.
Précisez pour chacune le lieu et le moment de son déroulement, les plans et les mouvements de la caméra.
Exemple:
«Petite rue piétonne – extérieur jour – plan général (voir ci-dessous).
Il est 9 heures du matin – la rue est animée – on aperçoit entre autres la boutique de la fleuriste
Un homme (40 ans, costume gris, pressé) entre chez une fleuriste (20 ans, jolie, gaie, tablier bleu)».

- Pensez, dès le début du film au type de musique (originale ou enregistrée) qui pourra accompagner certaines images sans dialogue.
- Écrivez les dialogues.

Filmer la scène

1. Les différents plans

Voir *Analyser et créer une B.D.* p. 26. Alternez souvent les plans pour faciliter le montage.
Exemple: *plan général:* la rue avec les magasins et ses passants.

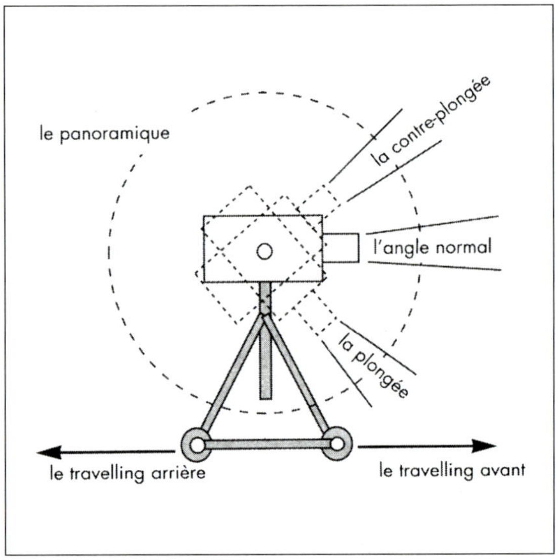

2. Les angles de vue

l'angle normal: l'objectif de la caméra est placé au même niveau que l'objet filmé. Il correspond à une vision réaliste.
l'angle en plongée: l'objectif est placé au dessus de l'objet filmé: l'objet ou le personnage vus d'en haut semblent écrasés, vulnérables.
l'angle en contre-plongée: l'objectif est placé au dessous de l'objet filmé qui donne alors l'impression de dominer.
Exemple: *plan moyen* en légère contre-plongée: la porte s'ouvre et la fleuriste voit entrer un homme.

3. Les mouvements de la caméra

Règle d'or: N'en faites pas trop. Chaque mouvement doit être justifié. Finissez vos mouvements de caméra par un plan fixe de quelques secondes.
Le panoramique: Il permet de découvrir un espace. Tournez la caméra sur son axe, le support reste fixe.
Le panoramique peut être horizontal, vertical, oblique.
Le travelling: Il fait entrer le spectateur au cœur de l'action. La caméra reste fixe sur son support, on déplace l'ensemble (sur un caddie, dans une voiture, en patins à roulettes). Il y a un travelling avant (vous avancez), arrière (vous reculez) et un travelling d'accompagnement: l'objectif suit le personnage.
Exemple: travelling d'accompagnement: la caméra suit le client qui entre dans le magasin et se dirige vers un vase de roses.

À vous de tourner maintenant le film «Chez la fleuriste».
Vous pouvez aussi choisir un autre texte de ce livre ou créer vous-mêmes une histoire.

Utiliser un dictionnaire

Utiliser un dictionnaire monolingue

1. Recommandations générales

- Une *entrée* *(Eintrag)* de dictionnaire peut vous aider à comprendre le sens et les différentes utilisations d'un mot, il peut vous aider à le prononcer et à l'écrire.
- Avant d'utiliser votre dictionnaire dans une situation d'examen, prenez le temps d'étudier sa structure qui peut varier pour chaque dictionnaire. Cherchez, par exemple, l'endroit où se trouvent les abréviations, les tableaux des conjugaisons et l'alphabet phonétique. Que pouvez-vous encore trouver dans votre dictionnaire?
- Étudiez la structure d'une entrée. Les entrées sont classées par ordre alphabétique. Pourtant, pour gagner de la place, certains dictionnaires ne prévoient pas une entrée pour chaque mot, mais classent les mots par familles de mots. Ainsi vous ne trouverez peut-être pas le verbe «enflammer» sous la lettre -e- mais seulement sous le nom «flamme». Faites l'essai dans votre dictionnaire, cela vous aidera à mieux vous orienter dans une situation d'examen.
- Ne vous arrêtez pas à la première définition. Vérifiez le contexte dans lequel le mot que vous cherchez a été employé. La définition a-t-elle un sens dans ce contexte? Si non, continuez à lire.
  Voici un extrait du «Dictionnaire de français». Vous y trouvez, par exemple:

flamme [flam] n.f. (lat. *flamma*). **1.** Gaz incandescent, généralement lumineux, qui se dégage d'une matière en combustion: *La flamme d'une bougie. Les flammes de l'incendie.* – **2.** Ardeur, vivacité d'un sentiment: *Elle s'élança avec la flamme de la jeunesse* (syn. ENTHOUSIASME). *Parler avec flamme* (syn. FEU, FIÈVRE, ARDEUR; contr. CALME). – **3.** Petite banderole de forme triangulaire, qui est hissée au haut des mâts d'un navire de guerre. – **4.** Marque postale apposée sur les lettres à côté du cachet d'oblitération (→ ENFLAMMER et INFLAMMABLE.)

la prononciation

la catégorie grammaticale (n. = nom; f. = féminin)

les différents sens du mot souvent illustrés par des exemples

l'origine du mot

des *synonymes* et/ou des *antonymes*

d'autres mots de la même famille

2. Application

Expliquez chaque fois comment vous avez trouvé les informations demandées.

- Comprendre une entrée: Cherchez dans votre dictionnaire une entrée pour un nom (substantif), un adjectif, un verbe. Décrivez les éléments de chacune de ces entrées d'après le modèle ci-dessus.
- Comprendre le sens d'un mot: Cherchez la différence entre «église» et «temple».
- Cherchez un synonyme de: «rayé», «puissance», «saisir», «tenir le coup».
- Cherchez un antonyme (contraire) de: «minorité» et de «réfuter».
- Cherchez des mots qui appartiennent à la même famille que «solitude» et «solution».
- Cherchez la prononciation des mots suivants: «accessoire», «respect/respectable», «solennel», «la veille», «le cake», «la prophétie», «le chef-d'œuvre».
- Trouvez l'orthographe correcte: «développement» ou «dévelopment»? «aggressif» ou «agressif»? «object» ou «objet»? «littérature» ou «litérature»?
- Cherchez le genre des noms (substantifs) suivants: «uniforme», «épisode», «anecdote», «cage», «orthographe».
- Cherchez les pluriels de: «le rouge-gorge», «le chantier naval», «le chef-lieu», «le chef-d'œuvre».

- Quelle est la place des adjectifs suivants (devant ou derrière le nom?): «beau», «différent», «ancien», «chaud»?
- Notez les formes du présent, passé composé, conditionnel et subjonctif de la 1e personne du singulier et du pluriel des verbes suivants: «cueillir», «concevoir», «tondre», «dissoudre».
- Indiquez les différents compléments des verbes suivants et formulez des phrases exemples (différentes de celles du dictionnaire): «obliger», «réussir», «réfléchir».
- Dans quels cas le verbe «paraître» est-il suivi du subjonctif?
- Trouvez des synonymes en français standard pour les mots suivants: «fric», «boulot», «bouquin», «tacot», «patate».
- Trouvez la signification de: «Elle a tenté le coup.»; «Cette coupe lui va très bien.»

Utiliser un dictionnaire bilingue

1. Recommandations générales

- Dans un dictionnaire bilingue vous pouvez trouver la traduction allemande d'un mot français que vous ne connaissez pas et/ou la traduction française d'un mot allemand.
- En général, chaque entrée vous propose plusieurs traductions. Il s'agit donc de choisir la bonne. Ne vous arrêtez pas à la première traduction! Réfléchissez d'abord au sens du mot dans le contexte.
  Par exemple, vous cherchez la traduction du mot «rapport» dans la phrase «Sa réponse n'a aucun rapport avec la question.» Regardez les traductions proposées et choisissez la traduction qui donne un sens à la phrase. Pour cela lisez l'entrée en entier et tenez compte des indications entre parenthèses.
  Autre exemple: Vous voulez traduire le verbe «*klopfen*» dans la phrase «*Sein Herz klopfte sehr stark.*».
  Là aussi, il faut tenir compte des indications entre parenthèses ou en *italique* *(kursiv)* pour trouver le verbe français correspondant.
- Vérifiez toujours votre traduction.
  Si vous traduisez du français en allemand, la vérification est simple. Lisez votre phrase allemande. A-t-elle un sens? Est-elle grammaticalement correcte? Est-ce que vous diriez cette phrase vraiment comme cela en allemand? Si non, vous avez probablement mal traduit.
  Si vous traduisez de l'allemand en français, vérifiez la traduction choisie toujours dans la partie français-allemand de votre dictionnaire ou dans un dictionnaire monolingue.

2. Application

Expliquez chaque fois comment vous avez trouvé les informations demandées.
- Trouvez la traduction allemande des mots soulignés: «Il a eu un papillon parce qu'il s'était mal garé.» – «Elle a été reçue à son examen.» – «Je ne connaîs pas sa couleur politique.»
- Trouvez la traduction française des mots soulignés et traduisez les phrases: «*Ich habe den Text flüchtig gelesen.*» – «*Sie hat sich noch nicht von diesem Schock erholt.*»

La France dans le monde

Histoire des possessions françaises

Regardez la carte, choisissez une des anciennes possessions françaises: Quel/s pays lui correspond/ent aujourd'hui? Documentez-vous sur l'histoire de ce/ces pays. Quelle/s langue/s y parle-t-on aujourd'hui? Feuilletez le dossier: De quels pays va-t-il parler?

Anciennes colonies (1)

Approches

Pour comprendre un mot inconnu, il n'est pas toujours nécessaire de le chercher dans un dictionnaire. Plusieurs méthodes simples vous aident à trouver le sens d'un mot. (→ Lecture détaillée, p. 168)

Lisez le premier paragraphe du texte et notez les mots que vous ne connaissez pas.
Essayez de trouver le sens de ces mots et expliquez ce qui vous a aidés à les comprendre. Est-ce le contexte? Un mot français de la même famille? Un mot d'une autre langue (allemand, anglais, latin)?

Objectif lecture

La scène suivante se passe en Cochinchine (au Viêt-nam actuel), qui était alors (dans les années 30) une colonie française.

A *Dégager les éléments du texte qui permettent de décrire la vie dans une colonie française*

1. Relevez dans le texte:
   – les phrases où sont évoqués les privilèges des Blancs;
   – les informations sur les femmes blanches: leurs activités, leurs peurs, leurs espoirs, leur mentalité.
2. Résumez en deux ou trois phrases la vie des Blanches en Cochinchine.
3. Quelle phrase ou quel passage du texte a le plus retenu votre attention? Dites pourquoi.

B *Analyser le point de vue de la narratrice*

La narratrice est une adolescente de quinze ans. Elle a en même temps une vue d'enfant et une vue d'adulte sur le monde dans lequel elle vit. Dans quels passages est-elle plutôt enfant, dans lesquels plutôt adulte? Justifiez votre réponse.

Cette existence coloniale si particulière

Quinze ans et demi. C'est la traversée du fleuve. Quand je rentre à Saigon, je suis en voyage, surtout quand je prends le car. Et ce matin-là j'ai pris le car à Sadec où ma mère dirige l'école des filles. C'est la fin des vacances scolaires, je ne sais plus lesquelles. Je suis allée les passer dans la petite maison de fonction de ma mère. Et ce jour-là, je reviens à Saigon, au pensionnat. Le car pour indigènes est parti de la place du marché de Sadec. Comme d'habitude, ma mère m'a accompagnée et elle m'a confiée au chauffeur, toujours elle me confie aux chauffeurs des cars de Saigon, pour le cas d'un accident, d'un incendie, d'un viol, d'une attaque de pirates, d'une panne mortelle du bac. Comme d'habitude, le chauffeur m'a mise près de lui à l'avant, à la place réservée aux voyageurs blancs. (...)
Sur le bac, à côté du car, il y a une grande limousine noire avec un chauffeur en livrée de coton blanc. (...)
Dans la limousine, il y a un homme très élégant. Ce n'est pas un Blanc. Il est vêtu à l'européenne, il porte le costume de tussor clair des banquiers de Saigon. Il me regarde. J'ai déjà l'habitude qu'on me regarde. On regarde les Blanches aux colonies, les petites filles blanches de douze ans aussi. Depuis trois ans les Blancs aussi me regardent dans les rues et les amis de ma mère me demandent gentiment de venir goûter chez eux à l'heure où leurs femmes jouent au tennis au Club Sportif. (...)
Je suis avertie déjà. Je sais quelque chose. Je sais que ce ne sont pas les vêtements qui font les femmes plus ou moins belles ni les soins de beauté, ni le prix des onguents, ni la rareté, le prix des atours. Je sais que le problème est ailleurs. Je ne sais pas où il est. Je sais seulement qu'il n'est pas là où les femmes croient. Je regarde les femmes dans les rues de Saigon, dans les postes de brousse. Il y en a de très belles, de très blanches, elles prennent un soin extrême de leur beauté ici, surtout dans les postes de brousse. Elles ne font rien, elles se gardent pour l'Europe, les amants, les vacances en Italie, les longs

congés de six mois tous les trois ans lorsqu'elles pourront enfin parler de ce qui se passe ici, de cette existence coloniale si particulière, du service de ces gens, de ces boys, si parfait, de la végétation, des bals, de ces villas blanches, grandes à s'y perdre, où sont logés les fonctionnaires dans les postes éloignés. Elles attendent. Elles s'habillent pour rien. Elles se regardent. Dans l'ombre de ces villas, elles se regardent pour plus tard, elles croient vivre un roman, elles ont déjà les longues penderies pleines de robes à ne savoir qu'en faire, collectionnées comme le temps, la longue suite des jours d'attente. Certaines deviennent folles. Certaines sont plaquées pour une jeune domestique qui se tait. Plaquées. On entend ce mot les atteindre, le bruit qu'il fait, le bruit de la gifle qu'il donne. Certaines se tuent.

(...) Cela, de même, je l'ai su avant l'*experiment*.

Marguerite Duras, L'amant, Paris, Éditions de Minuit, 1984

2 Saigon: ancien nom de Hô Chi Minh-Ville; **14 le bac:** *ici Fähre;* **18 la livrée:** un uniforme de domestique; **21 le tussor:** un tissu très léger; **29 averti/e:** qui connaît, qui est au courant; **32 un onguent:** une crème de beauté; **32 les atours** *m.*: les vêtements féminins; **36 la brousse:** *ici* un endroit éloigné de la ville; **40 un amant:** *Liebhaber;* **41 le congé:** les vacances; **46 le/la fonctionnaire:** *Beamte/-in;* **50 la penderie:** une armoire; **53 plaquer qn** *fam.*: abandonner qn, quitter qn; **56 la gifle:** *Ohrfeige*; **57 experiment:** expérience *anglais*

Objectif langage

C *Vous pouvez revoir les verbes modaux ainsi que l'accord du participe passé.*

1. Notez dans le premier paragraphe toutes les phrases au passé composé et expliquez l'accord du participe passé.
2. Mettez les verbes entre parenthèses au passé composé.
   Aujourd'hui, Marie (retourner) au lycée où elle (retrouver) son amie Lydie. À la récréation, elles (parler) de leurs vacances. Lydie les (passer) en Normandie avec des copains. Ils (s'entendre bien). Marie (ne pas partir). Sa sœur et elle (rester) pendant toutes les vacances à Paris, mais elles (ne pas s'ennuyer). Elles (avoir) la visite de leur cousine de Bordeaux. Elles lui (montrer) des coins de Paris qu'elle ne connaissait pas, elles l'(inviter) au cinéma et l'(emmener) plusieurs fois à la piscine. Elles lui (présenter) des copains avec lesquels elles (sortir) presque tous les soirs.

D *Vous pouvez étudier l'emploi des temps dans le texte.*

1. Analysez les temps utilisés dans le premier paragraphe. Quelles sont les différentes utilisations du présent de l'indicatif? Vous pouvez utiliser une grammaire.
2. Mettez ce paragraphe au passé en faisant attention à la concordance des temps. «Quinze ans et demi. C'était la traversée du fleuve. ...»
3. Comparez les deux versions. Quel effet l'utilisation du présent dans le texte produit-elle sur le lecteur?

Créativité

Imaginez une suite à cette scène. Tenez compte des informations du texte.

Photo du film «L'Amant»

L'Indochine française

L'Indochine à l'époque coloniale

L'action catholique d'évangélisation française en Indochine commence au XVIIe siècle et aboutit rapidement à la formation d'une importante communauté chrétienne, notamment en Cochinchine. Le Viêt-nam, divisé en deux depuis le XVIe siècle, retrouve son unité en 1802. Sous prétexte de protéger les chrétiens persécutés, Napoléon III fait occuper Saigon en 1859, puis la Cochinchine et le Cambodge (→ carte). L'intérêt de la France pour le marché chinois explique l'extension vers le nord. Les Français créent de nouvelles villes et imposent leur culture aux Indochinois. L'Indochine française connaît un essor économique important jusqu'à la veille de la Seconde Guerre mondiale. En 1940, en raison de la défaite française, le Japon occupe l'Indochine jusqu'en 1945. Hô Chi Minh, le chef du Viêt-minh (une organisation nationaliste et communiste vietnamienne) proclame alors l'indépendance du Viêt-nam. Les Français doivent négocier avec lui pour revenir à Hanoi. Ils reconnaissent la République du Viêt-nam comme État libre. Mais en 1946, le gouverneur d'Indochine Thierry d'Argenlieu décide de constituer un gouvernement provisoire de la Cochinchine, ce qui entraîne une vive protestation du gouvernement vietnamien de Hanoi. En novembre de la même année, à la suite d'attentats du Viêt-minh, les Français bombardent Haiphong. C'est le commencement de la guerre d'Indochine qui durera jusqu'en 1954.

Colonie française

- 1859/62 – 1954
- 1863 – 1954
- 1867 – 1954
- 1873 – 1954
- 1883/85 – 1954
- 1893 – 1954
- 1907 – 1954

Anciennes colonies (2)

Approches

Décrivez et commentez cette vignette.

Hergé: Tintin au Congo, p. 36,

Objectif lecture

La scène suivante se passe au Cameroun, dans les années 50. Ce pays était alors, en partie, une colonie française.

A *Découvrir des informations sur la vie coloniale au Cameroun dans les années 50*

1. Par quels mots, quels gestes, quelles attitudes les Blancs expriment-ils leur prédominance sur les Noirs?
2. Comment le boy exprime-t-il les sentiments qu'il éprouve envers les Blancs?

B *Analyser un texte*

1. Certaines phrases du texte en disent long sur l'atmosphère ou la mentalité des personnages: «Ce fut un moment terrible à passer.» (l. 7), «Après m'avoir longuement observé, mon nouveau maître me demanda à brûle-pourpoint si j'étais un voleur.» (l. 8)
   Trouvez dans le texte d'autres phrases significatives et interprétez-les.
2. Monsieur Salvain est-il raciste? Justifiez votre réponse.

Le boy du chef

Le narrateur vient d'entrer au service du commandant. Il est désormais le «boy du chef des Blancs».

Enfin, ça y est! Le commandant m'accepte définitivement à son service. Cela s'est passé à minuit. J'avais fini mon travail et m'apprêtais à partir au quartier indigène quand le commandant m'invita à le suivre dans son bureau. Ce fut un terrible moment à passer. Après m'avoir longuement observé, mon nouveau maître me demanda à brûle-pourpoint si j'étais un voleur.

– Non, commandant, répondis-je.

– Pourquoi n'es-tu pas un voleur?

– Parce que je ne veux pas aller en enfer.

Le commandant sembla sidéré par ma réponse. Il hocha la tête, incrédule.

– Où as-tu appris ça?

– Je suis chrétien, mon Commandant, répondis-je en exhibant fièrement la médaille de saint Christophe que je porte à mon cou. (...)

Il se leva et commença à tourner autour de moi.

– Tu es un garçon propre, dit-il en me détaillant avec attention. Tu n'as pas de chique, ton short est propre, tu n'as pas de gale ...

Il recula de quelques pas et me toisa de nouveau.

– Tu es intelligent, les prêtres m'ont parlé de toi en termes élogieux. Je peux compter sur petit Joseph, n'est-ce pas?

– Oui, mon Commandant, répondis-je, les yeux brillants de plaisir et de fierté.

– Tu peux disposer. Sois ici tous les matins à six heures. Compris? Quand je fus à la véranda, il me sembla que je venais de livrer une rude bataille. Le bout de mon nez transpirait. (...)

J'ai accompagné le commandant chez le directeur de l'École officielle de Dangan. Il était invité à prendre l'apéritif. Je portais le paquet qu'il devait offrir à Mme Salvain. C'est bien une manière d'indigène que les Blancs ont là, d'apporter quelque chose à leurs hôtes.

L'École officielle est située à cinq minutes de la Résidence. Nous nous y sommes rendus à pied. Je marchais derrière le commandant. Les Blancs, ça court toujours. Le commandant se dépêchait comme si les instituteurs avaient été en danger de mort.

Les Salvain avaient dressé la table à l'ombre d'un arbre de leur pays que leurs prédécesseurs avaient planté lors de la cérémonie pour l'inauguration de l'école. (...)

Les Salvain entraînèrent le commandant vers la table. Mme Salvain s'assit entre les deux hommes. M. Salvain appela son boy, un vieux nègre, le doyen des boys de Dangan sans doute. Il apporta des bouteilles et se retira obséquieusement. Les Salvain engagèrent aussitôt une conversation où ils rivalisaient de vitesse, d'esprit et d'hilarité. Mme Salvain, en quête d'un sourire ou d'une approbation, se penchait alternativement vers les deux hommes.

– Sacré bled! se lamentait Mme Salvain. Il pleut, il fait chaud, il n'y a pas de coiffeur ... Qu'est-ce qu'on se fait suer! ... Ça doit vous changer de Paris.

Le commandant haussa les sourcils et vida son verre.

– Vous ne m'avez pas parlé de votre école? demanda-t-il à M. Salvain.

M. Salvain se trémoussa et se frotta les mains.

– Je vous y attends pour l'inspection, dit-il. Je suis en train de réussir une expérience pédagogique sans précédent. J'en enverrai bientôt le compte rendu à Yaoundé. Quand je suis arrivé dans ce pays, j'avais trouvé l'école pleine de jeunes gens de vingt ans et plus, qui briguaient encore le certificat d'études. Je les ai tous vidés. (...) En compulsant les registres d'inscription, j'avais trouvé que le moins âgé des élèves ayant obtenu le certificat d'études avait dix-sept ans. Le plus jeune élève de l'école avait neuf ans et était au cours préparatoire. Après avoir renvoyé tous les grands qui venaient d'échouer au certificat, j'ai recruté pour la maternelle, une classe ignorée ici avant moi, des petits de deux à six ans. Les petits Noirs sont aussi intelligents que nos petits ... On m'a traité de fou, de démagogue ... Eh bien, dans ma classe du certificat, il y a vingt élèves de douze à quinze ans.

– C'est épatant, disait mon maître, c'est épatant! Je viendrai vous voir un de ces prochains jours ...

Ferdinand Oyono, Une vie de boy, Julliard 1956

5 s'apprêter à faire qc: se préparer à faire qc; **6 indigène:** *einheimisch;* **9 à brûle-pourpoint:** brusquement; **13 l'enfer** *m.: Hölle;* **14 sidérer qn:** étonner, surprendre qn; **15 hocher la tête:** *den Kopf schütteln;* **15 incrédule:** qui ne croit pas; **18 exhiber qc:** montrer qc; **21 détailler qn:** (*du nom* détail) observer qn avec précision; **22 la chique:** *ici Floh;* **23 la gale:** *Krätze;* **24 toiser qn:** regarder qn de haut; **30 tu peux disposer:** tu peux partir (quand on s'adresse à un domestique); **35 Dangan:** ville du Cameroun; **47 le prédécesseur:** la personne qui occupait le même poste avant; **52 le/la doyen/ne:** la personne la plus âgée; **54 obséquieusement:** *unterwürfig;* **56 l'hilarité** *f.:* la gaieté, le rire; **57 en quête de qc:** à la recherche de qc; **59 le bled** *fam.:* un lieu isolé, un trou; **59 se lamenter:** se plaindre; **61 se faire suer** *fam.:* s'ennuyer; **62 hausser les sourcils:** *die Augenbrauen hochziehen;* **65 se trémousser:** bouger en faisant des petits mouvements vifs; **69 Yaoundé:** capitale du Cameroun; **71 briguer (un examen):** chercher à obtenir (un examen); **71 le certificat d'études (primaires):** *autrefois* le diplôme en fin d'enseignement primaire; **72 compulser un registre:** l'examiner, le regarder attentivement; **76 le cours préparatoire:** la première année à l'école primaire; **84 épatant/e:** merveilleux/-euse, formidable, génial/e

Objectif langage

C *Vous pouvez réviser certains adverbes.*

1. Formez les adverbes à partir des adjectifs suivants et retrouvez les règles de formation. Quels sont les adverbes irréguliers?
   bon – définitif – différent – fier – gentil – long – méchant – précis – sérieux – vrai
2. Comment peut-on discuter avec quelqu'un?
   Comment peut-on enseigner?
   Comment peut-on répondre à une question?
   Comment peut-on regarder quelqu'un?
   Trouvez des adverbes pour décrire chacune de ces activités.
   Exemple: «On peut discuter intensément avec quelqu'un.»

D *Vous pouvez réviser l'emploi de certaines prépositions.*

Traduisez le texte suivant, puis soulignez toutes les prépositions.

Gegen 7 Uhr begleitete Tundi seinen Chef zu Herrn Salvain, dem Schulleiter, der ihm seine Klasse zeigen wollte. Da die Schule fünf Minuten von hier entfernt ist, gingen sie zu Fuß hin. Als sie in der Schule ankamen, ging der Schulleiter auf Tundis Chef zu und führte ihn in sein Büro. Eine Stunde lang wartete der Boy vor der Tür. Sein Chef begleitete Herrn Salvain kurz nach acht in seine Klasse. Der Schulleiter ist stolz auf sich, denn seine Schüler sind zwischen 12 und 15 Jahre alt. Vor seiner Zeit war das anders: Damals waren die Schüler seiner Klasse älter.

Pour aller plus loin

Le Cameroun est un État d'Afrique équatoriale, la capitale est Yaoundé, les langues officielles sont le français et l'anglais.

Le Cameroun est découvert par les Portugais au XVe siècle. Les Européens prospectent peu à peu ses côtes. Ancienne colonie allemande, le Cameroun est placé en partie sous mandat français en 1916 et devient indépendant en 1960.

Le pays compte environ 12,5 millions d'habitants. La population est formée de divers groupes: Pygmées, Bantous, Soudanais et Peuls. De vastes régions du centre et du Sud sont très peu peuplées. Les villes du Sud et du Sud-Ouest comptent plus de 20 % de la population.

Paysage dans le nord du Cameroun

Yaoundé

Récolte du coton

Habitation traditionnelle

Le Cameroun produit du manioc, du riz, du cacao, du café, des bananes, du latex, du coton, etc. Les principales exportations sont le cacao, le café, le coton, le bois et l'aluminium. Le pays exploite des gisements de pétrole assez importants.

5 prospecter qc: *etw. erkunden*

Recherchez dans une encyclopédie ou dans un manuel d'histoire pourquoi les langues officielles du Cameroun sont le français et l'anglais.

L'héritage colonial (1)

Approches

1. Que savez-vous de l'Algérie? Formulez des questions sur l'Algérie auxquelles vous aimeriez avoir des réponses, puis faites des recherches pour essayer d'y répondre.
2. François Mitterrand (1916–1996), président de la République de 1981 à 1995, a dit dans les années 50 en parlant de l'Algérie que la Méditerranée traversait la France comme la Seine traversait Paris. Commentez cette phrase.

Alger en 1920

Objectif lecture

A *Répondre à la question posée par le titre*

1. Comparez les deux définitions de «harki» que donne le texte.
2. Cherchez dans une encyclopédie des informations sur les harkis et comparez-les aux définitions du texte.
3. Qu'apprend-on dans le texte sur la situation des harkis: leurs privilèges et leurs problèmes?
4. Après la lecture du texte: Quelles informations supplémentaires aimeriez-vous avoir sur les problèmes dont parle le texte? Formulez des questions. (→ Pour aller plus loin p. 140)

B *Étudier la situation d'un harki et de sa famille*

1. Comparez les promesses de l'adjudant à la situation d'Azzedine et de sa famille en France.
2. À votre avis, pourquoi le mot «harki» est-il un mot tabou pour Meriem?
3. Décrivez la situation de Saliha et sa réaction aux réponses qu'on lui donne.
4. Que pensez-vous de la situation de Saliha?

C'est quoi, un harki?

Azzedine, un jeune Algérien, se présente comme recrue pour se battre aux côtés des Français lors de la guerre d'indépendance de l'Algérie. Il espère par là nourrir sa famille.

«Dorénavant tu vas manquer de rien, tu manqueras plus jamais de quelque chose. La France te prend en charge et te félicite de la rejoindre.

L'adjudant se frotta les mains. Azzedine remercia de la tête. L'autre reprit:

– Et d'ici quelques mois tu sauras lire et écrire, tu passeras ton permis de conduire et t'auras une bonne solde. La France te veut responsable et civilisé, et si ces cons de fellouzes ne font pas trop chier, tes gosses en profiteront aussi.

Azzedine se contentait d'approuver timidement.

– Mon gars, nous sommes là pour préparer cet avenir. L'indépendance, c'est une connerie, tu le sais puisque tu rejoins notre lutte. Ces fells ne résisteront pas longtemps. Avec des gars comme toi, sérieux et courageux, nous allons leur tailler le sifflet en moins de deux. Et tu verras que dans quelques années t'en sortiras grandi et gradé. Et tous ceux qui t'auront craché dessus parce que tu es avec nous te remercieront quand ils auront compris que la France doit rester ici pour le bien de tous et de la civilisation. Tu piges, mon gars?

– Oui mon adjutant! lâcha Azzedine, dans un innocent garde-à-vous.» (...)

Après la guerre, où l'Algérie a retrouvé son indépendance, Azzedine est obligé de se réfugier en France avec sa femme Meriem et ses enfants. Sélim est le fils aîné d'Azzedine.

«Sélim, c'est quoi, un harki?

– Pourquoi tu me demandes ça?

Elle avait neuf ans quand elle posa la question à son frère. Ses parents l'avaient inscrite dans une colonie de vacances à la Mairie et le règlement ne tolérait que deux enfants étrangers par groupe d'une vingtaine d'enfants français. Les immigrés, désireux d'inscrire leurs enfants à une section, s'alignaient, dès l'aube, en une longue queue devant la porte de la Mairie. Ils venaient par centaines pour douze places. Dans le groupe de Saliha, il y eut trois heureux élus. Un petit Marocain, une petite Tunisienne et elle, Saliha, parce qu'elle est fille de harki, qu'ils disaient, jaloux, les mômes d'immigrés, à la communale.

– Oui, tu es fille de Français, c'est pour ça que tu vas en colo! Ton père il est malin, il a fait la guerre contre nous.

Elle fut mise à l'écart et surnommée Harkia. Féminin de harki.

– Va jouer avec tes frères français, lui balançaient les petits immigrés, dès qu'elle s'approchait d'eux à la récré.

– Chez toi, tu manges du porc et tu bois du vin, et le midi t'oses venir à notre table! lui envoyaient les petites Arabes.

Elles la sommaient de quitter la rangée des tables réservées aux musulmans, là où Azzedine, son père, exigeait qu'elle soit. Ne supportant plus les querelles, Saliha s'inventa toute une semaine des maux de ventre pour que sa mère la dispense de cantine.

– C'est pas bon maman, c'est tellement mieux à la maison!

Et Meriem la retira de la cantine.

Enfin, et parce qu'elle n'en dormait plus, elle demanda:

– Maman c'est quoi, un harki?

Accroupie devant le réfrigérateur ouvert, Meriem se raidit brusquement, oubliant ce qu'elle cherchait dans le bac à légumes. Après un long silence et sans se retourner, elle dit:

– C'est quelqu'un qui a eu le courage de tout perdre pour faire vivre sa famille.

Meriem se retourna et regarda sa fille. Saliha n'avait rien compris et ne cherchait pas à comprendre. Pour elle, l'important était que sa maman lui ait donné une réponse où l'on ne sentait ni honte ni remords. De sentir sa mère sûre d'elle la rassura. Elle n'en attendait pas tant. Inquiète, Meriem se redressa. C'était la première fois qu'un de ses enfants prononçait le mot banni:

– Pourquoi cette question?

– Je l'ai lu dans un livre.

Meriem n'alla pas plus loin.

– Sélim, c'est quoi, un harki? demanda le même jour Saliha à son frère.

Il était plongé dans ses devoirs, elle finissait les siens.

– Je l'ai demandé à Maman, mais je n'ai pas compris ce qu'elle a dit, en tout cas elle est fière qu'on soit harki!

– Fière, non, dit Sélim, de quatre ans son aîné. Elle n'a pas honte d'être femme de harki, c'est différent!

– Mais c'est quoi, un harki?

– C'est un Arabe qui, pendant la guerre entre les Français et les Algériens, s'est battu contre les Arabes.

– Contre nous! Pourquoi?

Elle avait eu un choc. Elle revoyait le graffiti sur le mur de l'école: «Les Arabes dehors.»

Medhi Charef: Le harki de Meriem, Mercure de France 1989

1 la recrue: un soldat qui vient d'être recruté; **5 dorénavant:** à partir de maintenant; **6 prendre en charge qn:** s'occuper de qn; **13 con/ne** *fam.:* imbécile, idiot/e; **13 le fellouze, le fell:** mot péjoratif pour fellaga, les partisans algériens qui ont combattu les troupes françaises (1954–1962); **13 faire chier qn** *vulg.: ici* causer des ennuis à qn; **13 le/la gosse** *fam.:* l'enfant; **16 le gars** *fam.:* le garçon, l'homme; **17 la connerie** *fam.:* la bêtise; **20 tailler le sifflet à qn** *fam.: jdm das Maul stopfen;* **21 en moins de deux:** très vite; **22 gradé/e:** avec un grade militaire; **23 cracher sur qn** *fam.: ici* insulter qn; **26 piger qc** *fam.:* comprendre qc; **27 lâcher:** *ici* dire enfin qc; **41 l'aube** *f.: Morgendämmerung;* **46 le/la môme** *fam.:* l'enfant; **46 la communale:** l'école de la commune; **49 la colo** *fam.:* la colonie de vacances; **51 mettre qn à l'écart:** refuser qn dans un groupe; **53 balancer qc à qn** *fam.: ici* dire qc à qn de manière agressive; **59 sommer qn de faire qc:** ordonner à qn de faire qc; **70 accroupi/e:** *hockend;* **70 se raidir:** devenir raide *(steif);* **79 le remords:** le regret; **81 se redresser:** *ici* se remettre debout; **83 banni/e:** *ici* qu'on n'a pas le droit de dire

Objectif langage

C *Vous pouvez revoir les temps du passé.*

1. Cherchez dans le texte des verbes utilisés au passé simple.
2. Vérifiez dans votre grammaire la formation et l'utilisation du passé simple: quel temps peut le remplacer?
3. Quelques années plus tard, Saliha raconte à une amie comment elle a découvert qu'elle était fille de harki. Racontez: «J'avais neuf ans. Mes parents voulaient m'envoyer dans une colonie de vacances ...»

D *Vous pouvez apprendre à formuler une définition.*

Très souvent, on commence une définition par un terme générique *(Oberbegriff)* qu'on précise ensuite, p. ex.:

	une personne	
	une chose	qui ...
	un animal	que ...
Un/e ... c'est	un objet	avec lequel/laquelle ...
	un sentiment	à l'aide duquel / de laquelle ...
	...	

Donnez une définition des mots et expressions suivantes:
l'héritage colonial – un immigré – l'indépendance – la honte

Pour aller plus loin

Les harkis

Environ 200 000 Algériens s'enrôlent dans l'armée française lorsque la guerre d'Algérie éclate en 1954. L'armée leur promet de s'occuper d'eux et de leurs familles pendant et après la guerre qu'elle estime de courte durée. Cependant la guerre d'Algérie durera 8 ans. En 1962, les accords d'Évian mettent fin à la guerre et donnent à l'Algérie son indépendance. Pour les harkis, c'est la catastrophe: l'armée française les désarme et les abandonne. Considérés comme des collaborateurs, des milliers de harkis sont exécutés par leurs compatriotes. Seuls 50 000 harkis parviennent à gagner la France. À leur arrivée, les autorités françaises les envoient aussitôt dans des camps de réfugiés. L'intégration des harkis en France reste difficile: pour les Français, ils sont des immigrés comme les autres, et pour les immigrés, ils sont des traîtres.

Famille de harki se réfugiant en France, en mai 1962

Manifestation d'anciens harkis à Paris, en 1991

L'héritage colonial (2)

Objectif lecture

Madjid Bouzar travaille comme professeur de géopolitique à l'université de Strasbourg. Il est né en Algérie et *Parcours* l'a invité à répondre à nos questions.

A *Restructurer les informations d'un texte pour les présenter oralement*

1. Pour présenter oralement les informations de cette interview:
   – transformez les questions en titres;
   – soulignez les mots-clés de chaque réponse;
   – préparez un schéma dans lequel vous relierez les titres et les mots-clés de façon structurée pour mettre en rapport les liens entre eux.
2. M. Bouzar a-t-il plutôt une vision optimiste ou réaliste de la situation actuelle en France?
   (→ Pour aller plus loin, p. 142)

B *Trouver des possibilités d'exploitation d'un texte*

Travaillez en petits groupes:
- mettez-vous à la place d'un professeur qui veut traiter cette interview en classe: Comment procéderiez-vous? Que feriez-vous du texte? Faites des propositions.
- mettez-vous d'accord sur des propositions et réalisez-les.

Les conséquences de la colonisation

PARCOURS: Quelle est l'influence actuelle de la France dans les pays du Maghreb et en Afrique subsaharienne?

MADJID BOUZAR: L'influence dans les deux aires géographiques n'est pas de même intensité. Au Maghreb, elle est moins forte qu'en Afrique subsaharienne.

En effet, dans le premier cas les rapports économiques sont importants et la langue française est la première langue étrangère. Alors que dans le second cas, celui de l'Afrique subsaharienne francophone, il y a une dépendance économique assez forte, confortée par le fait que la monnaie nationale est le franc CFA. En plus de cela, la langue nationale officielle est le français.

PARCOURS: Quels sont les côtés positifs et négatifs de cet engagement?

MADJID BOUZAR: Dans les deux cas, il y a biculturalité. Dans ce sens, cela permet une ouverture et un enrichissement culturels: par exemple, la langue française peut être une fenêtre sur l'évolution scientifique et technologique en Europe.

Néanmoins, cette situation est souvent perçue comme un lien avec l'ex-colonisateur. Ce qui explique la tentative de désengagement du Maghreb de la sphère d'influence culturelle française et de la remise en question des relations avec la France en Afrique subsaharienne.

PARCOURS: Inversement, quelles sont les conséquences de la colonisation dans la vie quotidienne des Français actuellement?

MADJID BOUZAR: Les conséquences de la colonisation dans la vie quotidienne des Français actuellement sont de différents niveaux, nous en citerons quelques-uns:
– une immigration constituée surtout de populations issues des anciennes colonies, immigrés que la France souhaite intégrer, même s'il y a des réticences d'une minorité de Français;
– par cette intégration, la France a un peu moins de problèmes démographiques que ses voisins européens et les populations de différentes origines se côtoient dès l'école maternelle;
– la culture française s'enrichit de différentes cultures: sur le plan musical (rythmes africains ou maghrébins tels que le raï ou la musique orientale) ou culinaire (par exemple le couscous), etc.
– enfin, cette population d'origine étrangère est un relais économique important entre la France et les pays francophones où chacun des deux espaces trouve son intérêt.

Madjid Bouzar 1997

2 le Maghreb: la région du Nord-Ouest de l'Afrique comprenant le Maroc, l'Algérie, la Tunisie, la Mauritanie et la Libye; **2 subsaharien/ne:** au sud du Sahara; **3 une aire** *f.: ici* la région; **9 conforter qc:** rendre qc plus fort; **10 le franc CFA** (communauté financière africaine): monnaie utilisée dans certains États africains (Togo, Sénégal, Cameroun, etc.) qui est liée au franc français; **29 la réticence:** la réserve; **32 se côtoyer:** vivre l'un près de l'autre; **34 le raï:** musique rock d'origine algérienne

Objectif langage

C *Vous pouvez élargir votre vocabulaire en retrouvant des familles de mots.*

Beaucoup de noms, verbes et adjectifs ont une racine commune, par exemple:
la colonisation – le colonisateur – coloniser – colonisé/e

1. Trouvez pour chacun des mots suivants des mots de la même famille (noms, verbes, adjectifs): l'influence – la dépendance – l'engagement – l'enrichissement – l'immigration – intégrer – l'évolution
2. Utilisez ces mots pour écrire un petit texte sur la colonisation d'un des pays dont parle ce dossier.

Discussion

Madjid Bouzar parle de «biculturalité»: si vous aviez la possibilité d'appartenir à deux cultures (ou si vous y appartenez), serait-ce (ou est-ce) pour vous plutôt une chance ou un problème?

Pour aller plus loin

Ce qu'ils pensent de la France

En automne 1996, «le Nouvel Observateur» a interrogé les étrangers vivant en France, les Français des DOM-TOM et ceux d'origine étrangère pour savoir comment ils voyaient la France. Voici quelques résultats:

Est-ce que vous avez été personnellement victime de propos ou de comportements racistes?		Étrangers	Français d'origine étrangère	Français des DOM-TOM
	Oui	48 %	65 %	39 %
	Non	50 %	32 %	58 %
	Sans réponse	2 %	3 %	3 %

La France comme pays d'accueil et pays des droits de l'homme: Cette réputation est-elle justifiée?		Étrangers	Français d'origine étrangère	Français des DOM-TOM
	Justifiée	52 %	50 %	48 %
	Pas justifiée	42 %	48 %	47 %
	Sans réponse	6 %	2 %	5 %

▶ Préféreriez-vous vivre* ...

... dans un quartier où il y aurait surtout des gens de votre pays? 6 %
... dans un quartier où il y aurait un mélange de Français et d'étrangers? 88 %

* question posée uniquement aux étrangers

▶ Pour vos enfants, préféreriez-vous* ...

... une école laïque française? 62 %
... une école qui enseigne la coutume ou la religion de vos ancêtres? 26 %

▶ Préféreriez-vous que vos enfants* ...

... deviennent français? 49 %
... gardent votre nationalité? 26 %

D'après un autre sondage du «Nouvel Observateur», les Français sont d'autant plus hostiles aux étrangers qu'ils ne les côtoient pas:
47 % des interrogés se disent racistes dans les communes qui comptent moins de 1 % d'étrangers contre 29 % là où il y a plus de 10 % d'étrangers

Commentez ces résultats et comparez-les à l'interview de Madjid Bouzar.

Les DOM-TOM (1)

Approches

La Guyane, les Antilles (la Guadeloupe et la Martinique) et la Réunion font partie de la France, donc aussi de l'Union européenne. Ce sont des DOM (départements d'outre-mer). Les TOM (territoires d'outre-mer) font aussi partie de la France mais n'ont pas le statut de départements. Il s'agit de la Polynésie française, de Wallis-et-Futuna, de La Nouvelle-Calédonie et des terres Australes et Antarctiques.

1. Cherchez sur la carte, p. 131, les différents DOM-TOM et comparez leur distance par rapport à la France.
2. Décrivez cette illustration, puis documentez-vous sur les points suivants:
   – Quand et pourquoi a-t-on fait venir des esclaves noirs aux Antilles?
   – Quand l'esclavage a-t-il été aboli aux Antilles françaises?

Fabrication du sucre

Objectif lecture

A *Apprendre quelque chose sur la Guadeloupe au début du XXe siècle*

Cherchez, en lisant, des informations sur la vie dans la plantation: conditions de travail, paye, vie de tous les jours, angoisses et espoirs.

B *Comparer les deux parties du texte*

Comparez les deux parties du texte: à la plantation (l. 1–27) et la scène à partir du moment où Albert Louis rencontre Samuel.
Cherchez et définissez des critères de comparaison.

Fuir la canne à sucre

Mon aïeul Albert Louis qui n'était encore l'aïeul de personne, mais un beau nègre d'environ trente-deux ans, je dis bien environ, car en ce temps-là, comme chacun sait, on ne se souciait guère d'état civil, simplement les gens de la plantation se rappelaient qu'il était né l'année du terrible cyclone qui avait couché arbres et cases d'un bout à l'autre de la Basse-Terre comme de la Grande-Terre (...) regarda la poignée de nickels qu'il venait de recevoir du géreur, leva les yeux au ciel comme pour demander courage au soleil et tonna:

– C'est fini! C'est la dernière fois que je viens ici chercher ma paye comme un chien!

Habitué à ses cris, le géreur Isidore continua comme si de rien n'était à faire l'appel des travailleurs:

– Louison Fils-Aimé!

Mais les gens sentirent bien que cette fois-là, Albert ne parlait pas à la légère, pour faire du bruit comme on le lui avait souvent reproché, qu'il y avait dans sa voix quelque chose de ferme et de définitif qu'on n'avait jamais entendu. (...)

Depuis qu'il avait vu mourir Mano, son père, le corps si décharné qu'il ne faisait pas le poids de celui d'un enfant, les bras et les jambes déformées comme des branches de goyavier, Albert s'était juré de fuir la canne. (...)

Cette promesse qu'il se faisait alors, il n'avait pu la réaliser avant longtemps et ces désirs, il avait dû les garder prisonniers dans sa tête et sa poitrine. Il s'en libérait parfois dans un flot de jurons obscènes, d'insultes et de menaces à l'égard de la vie scélérate au point qu'on l'avait surnommé «Gueule d'Enfer». L'occasion de les satisfaire ne s'était présentée que quelques semaines auparavant. Dans un bordel de

La Pointe, à moitié saoûl d'alcool et de désir pour une chabine qui ne voulait pas de lui, il avait rencontré un dénommé Samuel qui jetait en l'air pièces et billets de banque. Au bout d'un moment, il l'avait interrogé:

– Dis, l'ami, que célèbres-tu?

Samuel ne s'était pas fait prier. Avec la bonne grâce de l'ivresse, il s'était confié. Les Américains n'avaient peur de rien. Voilà qu'ils touchaient à la structure du monde et coupaient des continents en deux. À Panama, ils creusaient un canal qui allait permettre à leurs bateaux de naviguer plus rapidement de New York à San Francisco sur la côte Pacifique et pour ce dessein surhumain, ils faisaient appel à des travailleurs du monde entier. C'est ainsi qu'ils avaient dressé un bureau d'embauche au beau milieu de la Savane à Fort-de-France. Deux mille sept cent quatre-vingts hommes étaient déjà partis.

– Le contrat est de deux ans et la paye, de quatre-vingt-dix cents de l'heure de leur argent. Nourri. Logé. Cela fait du bruit, nègre, cela fait du bruit! (...)

Le bureau d'embauche était fait de quatre feuilles de tôle, se coupant à angles droits sous un toit de paille. Deux Américains aux faces écarlates d'enfants bien lavés entouraient une sorte d'Indien qui leur servait d'interprète. Après avoir jeté à Albert un rapide coup d'œil, ils lui tendirent une feuille de papier:

– *Can you write?*

– *Ou sa ékri?*

Albert inclina affirmativement la tête. Ce n'était pas pour rien que Théodora s'était saignée pour l'envoyer à l'école au bourg! Il signa fièrement d'un beau paraphe et c'est le premier document que j'ai de lui. Son nom au bas d'un contrat de deux ans pour creuser le canal de Panama. L'année était 1904, le mois, mars, le jour, mardi. Mardi 14 mars 1904.

Maryse Condé, La vie scélérate, Seghers 1987

fuir qc: *ici etw. entkommen;* **la canne à sucre:** *Zuckerrohr;* **1 un/e aïeul/e:** *Vorfahre/-in;* **2 le/la nègre/sse:** mot devenu péjoratif pour désigner les Noirs; **4 l'état civil** *m.: Familienstand;* **7 la case:** une petite maison traditionnelle des Antilles ou d'Afrique; **8 Basse-Terre et Grande-Terre:** les deux parties qui forment l'île de la Guadeloupe; **9 le nickel:** *ici* une pièce de monnaie sans beaucoup de valeur; **10 le géreur:** *Verwalter;* **11 tonner:** crier; **21 ferme:** *ici* décidé/e, résolu/e; **24 décharné/e:** extrêmement maigre; **26 le goyavier:** un arbre qu'on trouve dans les zones tropicales d'Amérique; **31 le juron:** *Schimpfwort;* **32 scélérat/e:** *ici böse;* **33 la gueule** *fam.: Maul;* **33 l'enfer** *m.: Hölle;* **36 la Pointe:** Pointe-à-Pitre, la plus grande ville de la Guadeloupe; **36 saoûl/e** *fam.:* qui a trop bu; **37 un/e chabin/e:** *Mischling;* **41 célébrer qc:** fêter qc; **43 l'ivresse** *f.:* l'état d'une personne qui a trop bu; **46 creuser qc:** faire un trou; **49 le dessein:** le but, le projet; **51 le bureau d'embauche** *f.:* l'endroit où on trouve du travail; **52 Fort-de-France:** ville principale de la Martinique; **58 la tôle:** *Blech;* **59 la paille:** *Stroh;* **59 écarlate:** qui est très rouge; **65 Ou sa ékri:** tu sais écrire? *créole;* **67 Théodora:** la mère d'Albert; **67 se saigner:** faire beaucoup d'efforts pour obtenir qc; **69 le paraphe:** la signature

Objectif langage

C *Vous pouvez réviser la conjugaison des verbes réfléchis.*

1. Relevez dans le texte tous les verbes réfléchis. À quels temps sont-ils utilisés?
2. Réécrivez les phrases suivantes en remplaçant les noms soulignés par des noms féminins, puis expliquez quand il faut faire l'accord du participe passé ou non.
   Son <u>père</u> s'était saigné pour qu'il ait de l'instruction.
   <u>L'ouvrier</u> s'est juré de ne plus travailler dans ces conditions.
   <u>L'homme</u> s'était fait la promesse de partir.
   Il envoya à sa famille <u>l'argent</u> qu'il s'était procuré.
3. Imaginez un dialogue entre Albert Louis et sa mère lorsqu'il lui annonce qu'il a signé le contrat.
   Utilisez au moins cinq des verbes suivants:
   se réjouir – s'améliorer – se préoccuper – se transformer – s'inquiéter – se demander qc – se sentir – s'énerver – se faire des idées – se méfier – se tromper

D *Vous pouvez étudier les temps du passé.*

1. Relevez dans la première phrase tous les temps au passé, puis expliquez leur emploi dans le texte.
2. Imaginez le jour du départ d'Albert Louis pour Panama. Utilisez l'imparfait, le passé composé et le plus-que-parfait.
   Exemple: «Le bateau était dans le port, certains passagers étaient déjà montés à bord et regardaient ce qui se passait sur le quai ...»

Créativité

Imaginez comment la vie d'Albert Louis a continué.

Les DOM-TOM (2)

Approches

Si vous n'avez pas lu «Fuir la canne à sucre», regardez les «Approches», p. 143.

Reggae DOM-TOM

Refrain:
Papa DOM, Mama DOM,
Reggae DOM-TOM
Papa DOM, Mama DOM,
Reggae DOM-TOM

(bis)

Je suis vraiment d'une race très spéciale,
Je suis un nègre départemental,
Passionné par le style colonial,
Moi, la liberté, je m'en fous pas mal

Papa DOM, Mama DOM,
Reggae DOM-TOM
Papa DOM, Mama DOM,
Reggae DOM-TOM
Comme une malédiction

Refrain

Ils se sont penchés sur mon berceau
Ils m'ont recouvert de leur drapeau,
En me prenant jusqu'à mon destin,
J'aurais dû rester orphelin

Encore combien de générations
subiront cette malédiction

Refrain

Je suis vraiment d'une race très spéciale,
Je suis un nègre départemental

Papa DOM, Mama DOM,
Reggae DOM-TOM
Papa DOM, Mama DOM,
Reggae DOM-TOM
Sacrée malédiction

Papa DOM, Mama DOM,
Reggae DOM-TOM
Papa DOM, Mama DOM,
Reggae DOM-TOM
Malédiction

Texte et musique: Rémi B. / J. M. Monnerville.
Chanté par Kali

6 le/la nègre/sse: mot souvent utilisé de façon péjorative pour désigner les Noirs; **8 je m'en fous pas mal** *fam.:* cela m'est bien égal; **13 la malédiction:** *Fluch;* **14 le berceau:** un petit lit de bébé; **17 orphelin/e:** qui a perdu ses parents; **19 subir qc:** *etw. erleiden*

Objectif écoute / lecture

A/B *Parler d'une chanson*

1. En écoutant et en lisant la chanson, dégagez la critique que Kali y exprime.
   – Expliquez les phrases suivantes:
   «Je suis un nègre départemental», «J'aurais dû rester orphelin», «Encore combien de générations subiront cette malédiction».
   – Analysez le refrain.
2. À votre avis, pourquoi Kali a-t-il choisi le reggae plutôt qu'une autre forme de musique: chanson mélodieuse, rock, etc.?

Pour aller plus loin

Les Antilles françaises

Guadeloupéennes en costume traditionnel

Le marché de Pointe-à-Pitre, Guadeloupe

Fort-de-France, Martinique

Les îles de la Guadeloupe (environ 386 000 habitants) et de la Martinique (environ 360 000 habitants) sont découvertes en 1493 par Christophe Colomb. Elles deviennent colonies françaises en 1636 et DOM en 1946. Depuis 1982, ce sont à la fois des départements et des régions. Les langues sont le français et le créole.
Les deux îles produisent surtout de la canne à sucre dont on fait le rhum, des fruits tropicaux comme les bananes et les ananas, du café, du cacao, des épices et de la vanille. Le tourisme est une des principales ressources des deux îles. Mais l'absence d'industries pose un grave problème. Le taux de chômage est très élevé: il touche plus de 30 % de la population, ce qui explique une forte émigration vers la métropole: plus de 500 000 Antillais y vivent. Toutefois, grâce aux transferts métropolitains, les deux îles sont les plus riches de toutes les Antilles.

Choisissez un des thèmes de ces photos et documentez-vous sur ce thème.

Pêcheurs en Martinique

7 le créole: langue parlée, entre autres, aux Antilles et à la Réunion qui provient du contact de la langue des colonisateurs avec celle des indigènes ou des esclaves africains. Le créole de la Guadeloupe est différent du créole de la Martinique;
16 la métropole: l'Hexagone et la Corse

Au Québec (1)

Approches

Que savez-vous du Québec? Trouver la bonne réponse.

Québec (ville)

Québec (ville)

Montréal

Montréal

Le navigateur qui a débarqué au Québec en 1534 s'appelait

- Louis Tremblay
- Jacques Cartier
- Samuel de Champlain

La capitale de la province de Québec est

- Montréal
- Québec
- Toronto

Le français est langue officielle du Québec

- depuis toujours
- depuis 1931
- depuis 1974

Vrai ou faux?

- Au XVIIIe siècle, les Français ont vendu le Québec aux Anglais.
- Encore aujourd'hui, plus de 80 % des habitants du Québec ont le français comme langue maternelle.
- Plus de 45 % des Québécois aimeraient être indépendants du Canada anglophone.

Objectif lecture

A *Comprendre un mot-clé du texte*

Cherchez dans le texte toutes les informations sur le mot «chum» et essayez de le définir. Tenez compte des différentes utilisations de ce mot, des activités d'un «chum» et des émotions que ce mot provoque.

B *Analyser les relations entre les personnages*

1. Relevez ce qui gêne André Breton chez MLF et vice versa.
2. Quels sont leurs complexes d'infériorité ou de supériorité?

L'examen

– Figure-toi donc qu'il veut pas que j'utilise le mot chum.

– Mais tu parles de qui, là?

Elle parlait d'André. André Breton, son ancien professeur et nouveau chum. En fait, MLF avait toujours trois chums, mais son numéro deux, Albert, venait d'être remplacé: au printemps, madame Albert avait accouché (...) et, redevenu fidèle, il avait annoncé à MLF que c'était fini entre eux. Simple concours de circonstances! Sa place avait rapidement été comblée par le professeur Breton, un Français qui portait bien son début de calvitie et de grosses lunettes à monture noire. (...) Au début, MLF l'avait trouvé d'une gentillesse folle: comme sa femme à lui travaillait et comme il répétait depuis dix ans les mêmes sublimes cours sur le vers anapestique blanc, il avait beaucoup de temps à lui consacrer. Mais elle venait de déchanter: Breton s'était permis de l'écœurer.

– Chez moi, dit-elle à Maryse, au-dessus d'un repas que j'avais cuisiné spécialement pour monsieur! Comme si j'étais sa femme, maudite marde! C'est en plein ça! Je m'étais forcée; j'avais acheté rien que des affaires qui coûtent cher et j'avais rien raté. J'étais contente de passer avec succès l'examen du repas d'amoureux. Ma chume Marie-Hélène m'avait prévenue: «Les Français trouvent toujours à redire sur la bouffe. Watche-out! Si tu réussis ce coup-là, il va peut-être devenir un chum permanent.» J'y tenais pas plus que ça, mais enfin ... Tout allait bien, il mangeait sans chialer, même qu'il avait l'air d'aimer ça. Avant le souper, j'avais employé le mot espèce au masculin. Il m'a corrigée: c'est féminin, figure-toi donc! En France et dans le dictionnaire, le mot espèce est féminin. Je l'oublierai jamais! Ça m'a mortifiée de me faire couper le sifflet comme si j'avais cinq ans, comme s'il était encore mon prof, mais je me suis contrôlée, j'ai rien dit. Au dessert, j'avais oublié tout ça et je lui ai déclaré qu'il était le chum le plus fin que j'aie jamais eu! «Je t'en prie, Marie-Lyre, qu'y m'dit, ne m'appelle pas ton chum. Ce mot est tellement laid dans ta jolie bouche. C'est vulgaire.»

– C'est toujours pareil avec les Français, dit Maryse, quand on leur parle, on a l'impression de passer un examen.

Francine Noël, Maryse, Montréal 1987

4 André Breton: c'est aussi le nom d'un écrivain français (1896–1966) **5 MLF:** Marie-Lyre Flouée, l'héroïne du roman *aussi* Mouvement de la Libération de la Femme; **8 accoucher:** mettre un enfant au monde; **10 le concours de circonstances:** *ici* le hasard; **12 la calvitie:** *Glatze;* **16 sublime:** merveilleux/-euse; **16 le vers anapestique:** un vers composé d'une suite de deux syllabes brèves suivies d'une syllabe longue; **16 (le vers) blanc:** un vers qui ne rime pas; **18 déchanter**: perdre ses illusions; **19 écœurer qn:** *ici* décevoir fortement qn; **22 marde:** merde *québécois;* **28 la bouffe** *fam.: ici* le repas; **31 chialer** *fam.: ici* se plaindre; **36 mortifier qn:** vexer qn; **36 se faire couper le sifflet** *fam.: sich über das Maul fahren zu lassen*

Objectif langage

C *Vous pouvez vous informer sur le français au Québec.*

Voici des expressions québécoises. Retrouvez les expressions françaises qui leur correspondent.

tanker son char
cooker pour la famille
viens te chauffer
se trouver des défects
se faire encadrer
en trip
une postecarte

inviter qn chez soi en hiver
se faire photographier
prendre de l'essence
se chercher des excuses
une carte postale
en voyage
faire la cuisine

Au Québec (2)

Approches

Comparez les titres des trois dialogues (p. 149–150). Quelles modifications le mot «Français» subit-il?

Objectif lecture

A/B *Comprendre les sous-entendus d'un texte*

Que révèlent ces trois dialogues sur la cohabitation du français et de l'anglais au Québec?

Dialogues

Dialogue 1: L'Anglais et le Français

A: Hi!
F: Bonjour.
A: I'd like a pound of coffee, please.
F: Oui, m'sieur. Régulier ou filtre?
A: Regular, please. Is it fresh?
F: Oui, m'sieur. Il vient d'arriver hier ... Voilà m'sieur.
A: Thanks. How much is that, please?
F: Quatre dollars et quatre-vingt-douze, m'sieur.
A: Four dollars and ninety-two cents. There you go. Thanks very much.
F: Pas de quoi, m'sieur.
A: See you tomorrow, Jean-Pierre.
F: À demain, Phil.

Dialogue 2: Le Franglais

A: Hi!
F: Allo.
A: Ah! Français ... uh ... avez-vous de ... to-mates?
F: Ah ... toma-toes? ... Oui ... 'ow much you want?
A: Uh ... je veux un pound.
F: Five 'undred gram ... oui. Any'ting helse, m'sieur?
A: Uh ... non mercy ... Combienne, s'il vous plaite?
F: D'at's one-tirty-tree, please, m'sieur.
A: Ah ... un dollar et trawnr-trwah ... oui. Here ... uh ... tray bien mercy.
F: You wel-comme, m'sieur.
A: Mercy ... Bonne jour.
F: Oui, m'sieur. I see you hagain.

Dialogue 3: French like me

A: Bonjour.
F: Bonjour.
A: Avez-vous de jam-bone?
F: De jam-bone?
A: Oui.
F: Oui, ... j'ai.
A: Quelle sorte?
F: Uh ... je ne comprends pas. Répétez, s'il vous plaît.
A: Uh ... je veux de jam-bone. Quelle sorte avez-vous?
F: Ohhh! Quelle sorte? ... Toutes sortes ... et vous?
A: Excusez, je ne comprends pas, m'sieur. Est-ce que vous parlez anglais?
F: Uh ... oui ... et vous?
A: Oui ... je suis anglais.
F: You are? Hey! My name's Scotty. What can I do for you?
A: Hey! Alright! Lemme have a pound of ham, man.
F: No sweat.

Josh Freed: The Anglo Guide to Survival in Québec © Eden Press

Projet

Documentez-vous sur la situation linguistique au Québec et au Canada. Pour cela, vous pouvez vous adresser à:

Conseil de la langue française
800, Place d'Youville
Québec
Québec G1R3P4
Canada

Créativité

Préparez une mise en scène de ces trois dialogues.

Vocabulaire thématique

Au cours du (XVIIe) siècle, ...
En (1830), ...
Entre le XVIIe et le XIXe siècle, ...

... la France	a	**acquis**	des territoires	en Afrique.	*erworben*
		occupé	des pays	en Amérique.	
... des pays comme ...	ont	**conquis**	des régions	dans le Pacifique.	*erobert*

Certains de ces pays Certaines de ces régions	sont devenu(e)s des colonies.

Les colonies ont	connu vécu traversé	une longue	phase période	d'**exploitation** économique.		*die Ausbeutung*
				de **dépendance**	politique. culturelle. économique.	*die Abhängigkeit*

Pour **l'exploitation des terres**, on a fait venir des esclaves d'Afrique. *die Landarbeit*

La décolonialisation a souvent	commencé débuté	par	des révoltes. des **émeutes.** des conflits armés.	*Aufstände*
	fait son chemin à travers			

Certaines colonies D'autres	sont devenues	des départements. des pays indépendants.

À cause de leur passé colonial, ...

... certains pays	gardent des rapports	économiques politiques financiers	avec	la France.	
	restent dans la sphère d'influence de				
	ont du mal à trouver leur chemin.				
	refusent catégoriquement tout ce qui est français.				
	retournent à leurs propres **valeurs**	culturelles. religieuses.			*Werte*

Dans de nombreuses	anciennes ex-	colonies	le français reste langue officielle.	
			on parle on comprend le	français.

C'est une conséquence de la colonialisation.

Dans les années 60/70, beaucoup de ...

travailleurs immigrés **réfugiés politiques**	des anciennes colonies	ont débarqué sont venus	en France.	*politische Flüchtlinge*

Ils n'ont pas toujours été	les bienvenus. bien accueillis.

Les anciens colonisateurs	ne veulent pas toujours **assumer** de responsabilité. essaient de garder une certaine influence politique.	*tragen*

Analyser un texte

Le mot «texte» s'applique à toutes sortes d'énoncés écrits, oraux ou illustrés comme: un roman, un article de journal, une affiche publicitaire, une bande dessinée, un film, une émission radiophonique, etc. Derrière un texte se cache un auteur qui s'adresse à un destinataire *(Adressat)* dans un but précis. Les intentions de l'auteur peuvent être d'informer le destinataire, de le convaincre, de le faire agir, etc.

À quoi sert l'analyse d'un texte?

L'objectif principal de chaque analyse est évidemment de mieux comprendre un texte dans tous ses détails. Pour analyser un texte, il faut donc bien le lire (→ Lire et comprendre un texte, p. 168).
On peut analyser un texte sous différents aspects. En voici quelques-uns:

Aspects	À quoi cela peut-il vous servir?
dégager le plan, la structure d'un texte	à mieux savoir construire vos propres textes
saisir l'idée principale d'un texte	à essayer, par exemple, de résumer le texte en une phrase
établir le rapport entre la forme d'un texte et sa fonction	à apprendre à mieux écrire
dégager les intentions de l'auteur	à mieux comprendre le message (parfois caché) d'un texte
analyser les niveaux de langue et le style d'un texte	à enrichir votre style
caractériser les personnages, analyser leurs sentiments, étudier leurs relations (textes littéraires)	à faire le portrait d'une personne

Quelles sont les fonctions principales d'un texte?

Les fonctions principales d'un texte peuvent être:
- de décrire quelque chose ou quelqu'un;
- de raconter des événements;
- d'informer, de faire réfléchir ou de convaincre;
- d'amuser ou de divertir;
- de faire agir.

Un texte peut avoir plusieurs fonctions. Par exemple, si l'auteur d'un tract vise à faire agir le destinataire en lui faisant signer une pétition contre la construction d'un barrage, une des fonctions du texte sera de l'informer par exemple sur les conséquences que cette construction pourrait avoir sur l'environnement.

Le ton d'un texte et les niveaux de langue

Parfois, le ton d'un texte nous fournit des informations supplémentaires sur ses fonctions. Par exemple, le ton du texte «Le boy du chef», p. 135–136, est plutôt ironique et critique.
Les niveaux de langue déterminent également le style d'un texte. Par exemple, dans les phrases ci-contre; dites de quel style il s'agit: style soutenu, neutre ou familier.

«On s'ennuie à cette réception, vous ne trouvez pas? Je propose qu'on rentre.»
«Elle est pas terrible, cette fête, hein? Si on allait voir ailleurs?»
«Que cette réception est ennuyeuse! Je proposerais que nous rentrions. Qu'en pensez-vous?»

Le point de vue

Analyser le point de vue dans un texte *(Erzählperspektive)* peut vous aider à retrouver la fonction principale d'un texte.
Dans un texte informatif, le sujet est en général à la 3e personne. S'il s'agit d'un texte où l'on vise à faire agir le destinataire, le sujet peut être à la 2e personne. Dans un texte littéraire, le sujet peut être à la première personne, ceci est le cas lorsque le narrateur est un personnage. Le sujet peut également être à la 3e personne.

Les figures de style

Les figures de style sont des éléments de rhétorique que l'on trouve dans toutes sortes de textes littéraires, publicitaires, journalistiques, etc. Elles servent par exemple à illustrer ou à renforcer une idée, à rendre un texte plus vivant, plus plaisant, etc. Voici quelques exemples de figures de style:

la comparaison:	«Bourgeois et prolos se parlent sans avoir été présentés, comme dans les abris.» (p. 43, l. 9)
la métaphore (expression imagée):	«Les notes font la pluie et le beau temps.» (p. 10, l. 19) «le ‹reality show› est sur les rails» (p. 61, l. 18)
la répétition:	«Retour des vacances, retour des embouteillages, retour de la pollution, retour des accidents ...» (p. 39, l. 1–4)
l'énumération:	→ Pourquoi que je vis, p. 50
la litote (atténuation, diminution):	«C'est pas si simple.» (p. 8, l. 24). Cela signifie: «C'est difficile.»
l'hyperbole (exagération):	«Ces gens-là vivent à l'époque de Cro-Magnon!» (p. 112, l. 29)
l'euphémisme (mot ou expression qui remplace un/e autre jugé/e trop dur/e):	«... même s'il y a des réticences d'une minorité de Français.» (p. 141, l. 28–29)
l'ironie (humour, esprit):	«Tricolore. Et qui chante la Marseillaise.» (p. 48, l. 64)
la personnification:	«Bref, d'une ville qui ne soit plus l'otage de la voiture.» (p. 39, l. 19–20)
l'allitération (répétition de sons dans une suite de mots):	«Pour un pointu du port» (Pourquoi que je vis, p. 50) «cet argent qui roule qui n'arrête pas de rouler.» (Chez la fleuriste, p. 127)
la question rhétorique (question dont la réponse est évidente):	«Mais peuvent-ils s'imaginer en train de manger leur chat?» (p. 33, l. 6)

Application

1. Les fonctions d'un texte

Lesquels de ces types de textes ...	types de textes
... décrivent des objets, des lieux ou des êtres vivants?	mode d'emploi enquête journalistique
... racontent un ou plusieurs événements?	tract demande de renseignements
... cherchent à informer, à faire réfléchir ou à convaincre le lecteur?	chanson roman, conte, nouvelle programme de télévision
... visent à faire agir le lecteur?	la une d'un journal texte publicitaire
... cherchent à amuser ou à divertir?	lettre à un/e ami/e

Lesquels de ces types de textes mentionnés à droite peuvent avoir plusieurs fonctions?

2. Le ton d'un texte

Cherchez dans Parcours des exemples de textes où le ton est:
- agressif;
- ironique;
- sarcastique;
- critique;
- neutre;
- sobre;
- pessimiste;
- optimiste.

3. Les niveaux de langue

Essayez de caractériser le niveau de langue des textes suivants: «Un passe-temps facile?», p. 58, «Une chance sur 1000», p. 8, l. 1–13 et 24–28, «Témoignages», p. 12–13, l. 21–43.

4. Figures de style

De quelle figures de style s'agit-il? À quoi servent-elles?
«En classe, la remise des copies prend parfois des allures de séance de torture.» (p. 10, l. 24–25)
«... la ville crève de la bagnole.» (p. 39, l. 4)
«Ils me parlent du cri de la carotte, du désespoir de l'asperge, de la douleur de la tomate mangée crue.» (p. 33, l. 5–6)
«C'était pas de la tarte.» (p. 43, l. 31)

Relevez des figures de style dans le texte «Comment vivre avec la voiture?», p. 39–40, et dites à quoi elles servent.

Communiquer et faire connaissance

Vivre l'Europe, qu'est-ce que cela veut dire pour vous?

Ce dossier vous propose trois projets. Si vous ne pouvez en réaliser aucun, vous pouvez vous reporter aux pages 156–158.

Vivre l'Europe

L'Europe, qu'est-ce que c'est?

Approches

Qu'associez-vous au mot «Europe»? Mettez-vous d'accord sur des mots-clés et notez-les. Établissez, à partir de ces mots-clés, un questionnaire «Quand je pense à l'Europe, je pense à/au(x) ...». Soumettez ce questionnaire à vos correspondants français ou à des élèves de votre école.

Objectif compréhension

A/B *Évaluer de façon critique les questions posées dans une enquête*

Comparez les mots-clés présentés dans cette enquête avec les mots-clés que vous avez notés.
Comparez également les résultats de cette enquête avec les résultats de la vôtre.

Parmi les mots suivants, quel est celui qui évoque le plus l'Europe pour vous?

	Total (en %)	En premier (en %)
Le développement économique	46	29
Le chômage	36	22
Les échanges interculturels	33	17
La paix en Europe	29	13
Les inégalités	26	11
La perte d'identité nationale pour votre pays	14	4
Le développement social	13	4
Ne se prononcent pas	–	–
Total	*	**100**

* Total supérieur à 100 % en raison des réponses multiples.

Enquête menée auprès de jeunes français de 13–18 ans, Les clés de l'actualité n° 252, 8–14 mai 1997

évoquer qc: faire penser à qc

Comment voient-ils l'Europe?

Approches

Commentez cette caricature.

s'éffilocher: *ausfransen;* **la couture:** *Naht;* **rétrécir:** devenir plus petit au lavage

Les clés de l'actualité, n° 252, 1997

Objectif lecture

A/B *Retrouvez dans ces témoignages, les arguments en faveur de l'Europe ou contre.*

Témoignages

Kostas

«Les pays riches vont jouer un rôle dominant, et nous, les moins développés, les petits, nous risquons d'être les laissés-pour-compte de cette nouvelle société.» (Kostas, 18 ans, Grèce)

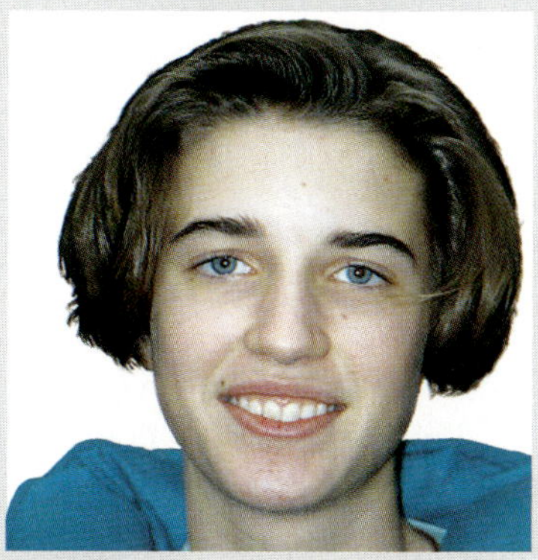

Caroline

«Nous n'avons pas beaucoup réfléchi au sujet. Ce qui nous préoccupe, c'est le chômage et le racisme. Je trouve que les monnaies en Europe caractérisent les différentes cultures. Créer une monnaie commune, c'est faire un pas de plus vers l'uniformité et l'abandon des différences.» (Caroline, 16 ans, Allemagne)

Giorgia

«Nous avons tout à gagner de la construction de l'Europe. Je le vois à travers mes études de langues. J'étudie justement l'anglais, le français et l'allemand, les principales langues européennes. En faisant des séjours linguistiques à l'étranger, j'ai découvert des modes de vie très différents et de nouvelles cultures. Ainsi, on peut mieux comprendre qui sont nos voisins. On pourra raisonner non plus en simples citoyens italiens, mais en véritables Européens et envisager d'aller travailler à l'étranger comme une chose normale.» (Giorgia, 16 ans, Italie)

Thomas

«Je vais souvent en France. Ne plus avoir de frontière, pouvoir circuler librement entre les pays, c'est un grand progrès. Lorsque nous aurons une monnaie unique qui pourra être utilisée dans tous les pays, il sera encore bien plus facile de voyager.» (Thomas, 16 ans, Grande-Bretagne)

4 un laissé-pour-compte: une personne qu'on a oubliée; **15 l'abandon** *m.: ici* l'action de ne pas faire qc; **28 raisonner:** argumenter; **31 envisager qc:** penser à faire qc

Discussion

Quels points de vue pouvez-vous partager? Pourquoi?

Test

Que savez-vous de l'Europe?

Commission européenne à Bruxelles

Cour de justice à Luxembourg

Parlement européen à Strasbourg

Combien de pays sont actuellement membres de l'Union européenne (l'U.E.)? Lesquelles?

- 12
- 15
- ________

Combien de langues parle-t-on dans l'U.E.? Lesquelles?

- 5
- 11
- ________

Les membres fondateurs de l'U.E. sont:

- L'Allemagne fédérale, la Belgique, la France, l'Italie, le Luxembourg, les Pays-Bas;
- l'Angleterre, le Danemark, la France, l'Italie, le Luxembourg, les Pays-Bas.

Comparée aux États-Unis, l'U.E. a

- autant.
- moins.
- plus

d'habitants.

L'un des «pères de l'Europe» a été

- Robert Schuman.
- Winston Churchill.
- Charles de Gaulle.

Projet (1): Établir une correspondance

Vous aimeriez peut-être échanger vos points de vue sur des sujets qui vous intéressent, connaître l'opinion d'autres jeunes, demander des informations plus précises ...
La correspondance sur un thème spécifique avec un groupe d'élèves en France (ou dans un autre pays francophone d'Europe) est un bon moyen de faire connaissance et de mettre en pratique vos connaissances de français.
Voilà quelques renseignements qui vous permettront de réaliser votre projet.

Sur quel sujet correspondre?

Mettez-vous d'accord sur un *sujet* sur lequel vous aimeriez échanger des informations ou des opinions. Vous pouvez trouver des sujets intéressants
- dans votre livre: par exemple: «les médias», «les jeunes face au chômage et à la violence», «les jeunes et l'Europe», etc.
- dans l'actualité quotidienne: problèmes politiques, d'environnement, etc.

Dans quel but correspondre?

Fixez un *objectif* à votre correspondance: dans quel but recherchez-vous des informations? Vous pouvez, par exemple
- organiser une exposition commune sur le sujet choisi;
- préparer un numéro spécial du journal de votre lycée;
- éditer un petit livre avec vos partenaires;
- fabriquer un jeu éducatif (pour d'autres);
- préparer une rencontre, etc.

Avec qui correspondre?

Comment trouver des *partenaires* en France?
- Si votre lycée est jumelé à un lycée en France, demandez à votre classe partenaire si elle veut participer au projet.
- Adressez-vous à l'Institut Français de votre région.
- Écrivez ou téléphonez à l'Office franco-allemand pour la jeunesse (→ Adresses utiles, p. 160).
- Adressez-vous par e-mail directement à un lycée français. Vous obtiendrez des adresses en procédant de la manière suivante: 1. Tapez http://www.premier-ministre.gouv.fr et cliquez sur «Sites administratifs». 2. Cliquez sur «Recherche libre» et tapez: «Adresses de lycées». Vous obtiendrez une liste de lycées qui ont un site Internet.

Comment correspondre?

- Avant de commencer, fixez avec vos partenaires des *délais*: combien de temps doit durer le projet? Un semestre? Une année scolaire?
- Organisez les contacts: À quel rythme voulez-vous correspondre (tous les quinze jours, une fois par mois, etc.)? À quel moment (l'après-midi, en dehors des cours, pendant le cours, etc. ...)? Choisissez des *responsables* qui coordonneront les activités, qui veilleront à ce que les délais soient respectés, etc.
- Choisissez *les moyens de communication*: lettre (→ Boîte à outils, p. 164–165), télécopie, vidéo, cassette, courrier électronique.
- Présentez-vous: vous pouvez tourner un film vidéo sur votre classe, préparer des collages, vous présenter seuls ou à plusieurs, etc.

le délai: le temps que l'on a pour faire qc; **veiller à qc:** faire attention à qc

Adresses utiles

Pour trouver des contacts

Deutsch-Französisches Jugendwerk / Office Franco-Allemand pour la Jeunesse Rhöndorfer Str. 23, D-53604 Bad Honnef, tél. 022 24 / 18 08-0, fax. 0 22 24 / 18 08 52, http://www.dfjw.org
Ambassade de France, Bureau de Coopération linguistique, éducative et universitaire, An der Marienkapelle 3, D-53179 Bonn, tél. 02 28 / 95 55 60 00
Les **Instituts français** de votre région: il en existe à Aachen, Berlin, Bonn, Bremen, Dresden, Düsseldorf, Erfurt, Erlangen, Essen, Frankfurt/Main, Freiburg, Hamburg, Hannover, Heidelberg, Karlsruhe, Kiel, Köln, Leipzig, Mainz, München, Rostock, Saarbrücken, Stuttgart, Tübingen.
Vous trouverez des informations sur les Instituts français en tapant: http://www.shuttle.de/if-s
Bureau International Jeunesse (organise des échanges entre des jeunes belges francophones et d'autres jeunes en Europe ou au Québec) http://www.cyclonet.be/altho/bij.htm
Académie de Nancy-Metz: http://www.ac-nancy-metz.fr
Académie de Bordeaux: http://www.ac-bordeaux.fr
Académie de Lyon: http://www.ac-lyon.fr
Académie de Grenoble: http://www.ac-grenoble.fr

Pour vous documenter sur certains sujets

C.I.D.J. (Centre d'information et de documentation pour la jeunesse) 101, quai Branly, F-75015 Paris (Documentation sur les jeunes, les loisirs, etc.)
Ministère des Affaires étrangères http://www.francediplomatie.fr (Informations sur la France)
Documentation française http://www.premier-ministre.gouv.fr (Informations sur la France)
Centre d'information et de documentation «Sources d'Europe», Socle de la grande Arche F-92054 Paris La Défense Cedex 61, tél. (003 31) 41 25 12 12 ou http://europa.eu.int. (Informations sur l'Europe)

Projet (2): Préparer un stage ou trouver un travail

Passer quelques semaines en France, acquérir des expériences et peut-être même gagner un peu d'argent, voici une autre possibilité très concrète de «vivre l'Europe». Voici les démarches à suivre.

Que faire?

Qu'aimeriez-vous faire? Travailler? Faire un *stage*? Dans quel secteur? Vous pouvez trouver des petits emplois dans les hôtels, dans des chantiers internationaux, dans l'agriculture, dans les services (poste, banques, etc.) ... Pour cela, consultez les adresses utiles, p. 162.

Comment procéder?

1. Écrivez à une des adresses p. 162 pour avoir des renseignements. Dites qui vous êtes, quel âge vous avez, pour combien de temps vous êtes disponible, ce que vous aimeriez faire. (→ Boîte à outils: Demande de renseignements, p. 165). Attendez trois à quatre semaines. Si vous ne recevez pas de réponse, envoyez une lettre de rappel (→ Boîte à outils: Lettre de rappel, p. 166).
2. Entrez en contact avec l'entreprise que vous avez choisie. Écrivez-lui (ou téléphonez) pour demander si elle prend des stagiaires ou si vous pouvez travailler chez elle pendant les vacances et quelles seraient les conditions.
   Puis, posez votre *candidature*. Une candidature comprend:
   – une lettre de candidature (→ Boîte à outils: Lettre de candidature, p. 166);
   – Un C.V. (curriculum vitae / *Lebenslauf*) (→ Boîte à outils: Écrire un C.V., p. 167).
3. Dans de nombreuses entreprises, on a besoin d'une *convention de stage* *(Praktikumsvertrag)*.
   Une convention de stage doit contenir les éléments suivants:
   – la durée du stage, les horaires et les conditions de travail;
   – la mission (afin d'éviter des stages photocopies-café);
   – la couverture sociale (généralement c'est par vos parents en Allemagne que vous êtes assurés);
   – la rémunération (si le stage est rémunéré, ce qui, souvent, n'est pas le cas).
   La convention de stage doit être signée par l'entreprise, (éventuellement par le proviseur de votre lycée) et par vous-même.

Où loger?

Parfois, l'entreprise peut vous aider à trouver un *logement*. Si ce n'est pas le cas, il faut vous en occuper vous-même.
Vous pouvez vous adresser, par exemple:
– à des auberges de jeunesse;
– à des foyers *(Wohnheime)* pour jeunes travailleurs;
– (si vous êtes dans une grande ville) au Goethe Institut de la ville en question;
– (si vous êtes dans une ville universitaire) au C.R.O.U.S. *(Studentenwerk)*;
– à des hôtels de jeunes.
Consultez aussi la liste d'adresses utiles, p. 162.

Adresses utiles

Pour trouver du travail ou une place de stage

C.I.D.J. (Centre d'information et de documentation pour la jeunesse) 101, quai Branly, F-75015 Paris (pour trouver des petits boulots)
C.D.I.R. (Centre de documentation et d'information rurale) 92, rue de Dessous-des-Berges, F-75013 Paris (pour trouver des petits boulots dans l'agriculture)
Fédération Française de Tennis, Stade Roland-Garros, Service des ramasseurs de balles, 2, avenue Gordon-Benett, F-75016 Paris (pour les amateurs de tennis qui aimeraient ramasser les balles pendant les matchs)
Entreaide Allemande, 84, rue de Rennes, F-75006 Paris (pour travailler dans un hôtel ou restaurant)
Jumelages européens P.T.T., Fédération Française, 67, avenue Lénine, F-94112 Arcueil Cédex (pour travailler à la poste)
Pro International – Aufbauwerk der Jugend e.V., Bahnhofstr. 26, D-35037 Marburg/Lahn, tél. (06421) 65277, fax. (06421) 64407 (pour travailler sur un chantier international)
Zentralstelle für Arbeitsvermittlung, Feuerbachstr. 42-46, D-60325 Frankfurt/Main, tél. (069) 7111285
Beaucoup de villes jumelées proposent également des stages.

Pour trouver un logement

Auberge Internationale des Jeunes, 10, rue Trousseau, F-75011 Paris, tél. (00331) 47006200, fax. (00331) 47003316
Association des Foyers Internationaux http://www.afi.asso.fr
Union des Foyers et services pour les jeunes travailleurs, 21, rue des Malmaisons, F-75013 Paris, tél. (00331) 42168666, fax (00331) 53601109, http://www.sigu7.jussieu.fr/ardeva/ufjt.htm
Carte nationale des auberges de jeunesse françaises, http://www.gaf.tm.fr/centresjeunes/france.htm
Une liste des institutions et foyers offrant des logements de qualité à des prix raisonnables pour les étudiants et les jeunes peut être consultée sur: http://www.unique.ch/cite-uni/logements/unite.htm

Projet (3): Organiser un voyage de classe

Pourquoi ne pas organiser ensemble un voyage en France? Déjà la préparation du voyage vous mettra en contact avec de nombreuses personnes et institutions.

Où aller?

Mettez-vous d'accord d'abord sur la région que vous aimeriez visiter. Il n'y a pas que Paris. D'autres villes ou régions peuvent être tout aussi intéressantes et sont souvent moins chères.
Si vous ne pouvez pas vous décider tout de suite, écrivez à différents *Offices de tourisme* pour demander des prospectus (→ Adresses utiles) ou consultez Internet. De nombreuses régions se présentent par ce média. (→ Boîte à outils: Lettre à l'Office de tourisme).

Comment préparer le voyage?

– *Documentez-vous* sur la région que vous avez choisie: Quelles sont ses particularités géographiques, sociales, culturelles? Que peut-on visiter? Vous trouverez des informations touristiques auprès des Offices de tourisme. Pour obtenir d'autres informations, vous pouvez vous adresser aux divers Conseils régionaux.
– Sur la base de vos informations, élaborez votre *programme*: Voulez-vous rester au même endroit ou voulez-vous changer plusieurs fois de lieu? Si vous ne voulez pas rester au même endroit, quels moyens de transports allez-vous utiliser? Si vous voyagez par le train, vous pouvez vous procurer les horaires auprès de la S.N.C.F. (→ Adresses utiles).
– Réfléchissez à votre *hébergement*: Demandez à l'Office de tourisme de vous envoyer une liste des hôtels et auberges de jeunesse de la région. Puis, adressez-vous à l'hôtel choisi pour faire une réservation (→ Boîte à outils: Demande de réservation). La réservation la plus rapide se fait par télécopie.

élaborer qc: bien préparer qc

Adresses utiles

Pour vous adresser à un Office de tourisme, il n'est pas nécessaire d'en connaître l'adresse exacte. Écrivez simplement à: Office de tourisme (ou: Syndicat d'initiative) de la ville XY, avec le code postal de la ville, par exemple:
Office de tourisme, F-68000 Colmar
S.N.C.F. Service Informations, 1, rue Paturle, F-75014 Paris
Sur Internet vous avez accès aux différents Conseils régionaux si vous tapez http://www.cr-(nom de la région).fr, par exemple:
Conseil Régional de Lorraine http://www.cr-lorraine.fr
Attention: Le **Conseil régional du Midi-Pyrénées** a comme adresse: http://www.cr.mip.fr

Boîte à outils

Écrire une lettre officielle

La lettre officielle obéit à un certain nombre de règles et de présentation. En voici les plus importantes:

Éléments	**Règles**
Coordonnées de l'expéditeur (en haut à gauche)	prénom – nom adresse code postal, ville N° de téléphone, fax
Coordonnées du destinataire (à gauche)	Monsieur/Madame prénom, nom code postal, ville
date et lieu de l'émission (à droite)	Idstein, le 3 septembre 1998
le texte de la lettre	**Exemples de formulations**
la formule d'adresse (après la formule d'adresse, on continue par une majuscule)	*Si vous ne connaissez pas les personnes:* Madame, Monsieur, *Si vous connaissez la fonction des personnes:* Monsieur le Directeur, Madame la Directrice, *Si vous avez déjà correspondu avec la personne et que vous la connaissez un peu:* Cher Monsieur, / Chère Madame,
Commencer la lettre	C'est avec grand plaisir que j'ai lu votre lettre du 15 novembre ... Nous vous remercions de votre lettre du 15 novembre / de votre réponse si rapide ... Nous avons bien reçu votre lettre du 15 novembre ... Suite à votre lettre du 15 novembre, nous aimerions ...
Exprimer une demande	Je désire / Je voudrais / J'aimerais (passer mes vacances en France) Je vous prie de *(+ infinitif)* Vous serait-il possible de m'envoyer ... / de me faire parvenir assez rapidement ... Puis-je vous demander de *(+ infinitif)* Pourriez-vous *(+ infinitif)* Je vous serais très reconnaissant/e de *(+ infinitif)*
Mentionner les pièces jointes (Anlagen)	Vous trouverez ci-joint ... Veuillez trouver ci-joint ... *en bas de la lettre:* Pièce(s) jointe(s): C.V., diplôme de ...
Terminer la lettre	En vous remerciant d'avance / par avance, je vous prie d'agréer ... En attendant votre réponse, ... Dans l'attente de votre réponse, ... Dans l'espoir d'une réponse, ...
Formules de politesse	*Au directeur d'une école, à votre futur patron:* Je vous prie d'agréer, Madame,/Monsieur, l'expression de mes sentiments respectueux *À qn que vous ne connaissez pas:* Je vous prie de recevoir, / Recevez, Monsieur,/Madame, l'expression de mes sentiments distingués. / de mes sentiments les meilleurs. *À qn que vous connaissez:* Bien amicalement / Bien cordialement / Meilleurs sentiments

Modèles de lettres

1. Lettre à une directrice / à un directeur d'établissement scolaire

Klasse 11 B
Pestalozzi-Schule Idstein
Schloßgasse
D-65510 Idstein

Idstein, le 18 février 1998

Lycée Jean Moulin
____
____

Madame le Proviseur, / Monsieur le Proviseur,

Nous sommes les élèves d'un cours de français deuxième langue du lycée Pestalozzi à Idstein. Nous avons entre seize et dix-huit ans et pratiquons votre langue depuis quatre ans et demi. Nous aimerions correspondre avec une de vos classes d'allemand, afin d'échanger pendant une durée de quelques mois des renseignements sur le monde du travail dans votre région.
Pourriez-vous avoir l'obligeance de transmettre cette lettre aux professeurs d'allemand que notre projet pourrait concerner?
Nous espérons vivement que notre proposition intéressera leurs élèves. Dès que ceux-ci s'adresseront à nous, nous préciserons avec eux les modalités et les objectifs de notre échange.
Nous vous remercions d'avance et vous prions de recevoir, Madame,/Monsieur, l'expression de nos salutations respectueuses.

2. Demande de renseignements

Julia Linden
Morgenstraße 78
D-44319 Dortmund

Dortmund, le 18 février 1998

Entraide Allemande
84, rue de Rennes
F-75006 Paris

Madame, Monsieur,

Je suis de nationalité allemande, âgée de dix-sept ans et élève de première dans un lycée de la ville de Dortmund.
Je désire passer quelques semaines dans votre ville pour perfectionner mes connaissances de français. J'aimerais, si possible, faire un stage dans un hôtel ou un restaurant. Pourriez-vous m'indiquer quelques adresses d'organismes ou de personnes susceptibles de m'aider?
Je joins une enveloppe à mon adresse ainsi qu'un coupon-réponse international.
Merci beaucoup d'avance. Dans l'attente de votre réponse, je vous prie de recevoir, Madame, Monsieur, l'expression de mes sentiments les meilleurs.

3. Lettre de rappel

Madame, Monsieur

Je vous ai écrit le 18/2/98 mais malheureusement je n'ai pas reçu de réponse. Je me permets de vous envoyer ce fax afin de réitérer ma demande. Je cherche une place de stage (administration, banques, commerce, tourisme) dans votre ville. Je suppose qu'il existe un ou des organismes disposant d'adresses d'employeurs? Pourriez-vous me dire à quel organisme je dois m'adresser? Vous pouvez m'envoyer un fax à ce numéro.
Merci mille fois de bien vouloir me répondre. Recevez, Madame, Monsieur, l'expression de mes sentiments les meilleurs.

4. Lettre de candidature / de motivation

Si vous contactez l'entreprise pour la première fois:

Madame, Monsieur,

Je suis une lycéenne allemande de 17 ans et demi. J'ai eu votre adresse par l'organisme «Entraide Allemande» à Paris.
Je désire passer quelques mois en France afin de perfectionner mon français. Je désire après mon bac faire des études dans une école d'hôtellerie. C'est pourquoi je voudrais dès cet été effectuer un stage en France dans cette branche.
Je n'ai malheureusement encore aucune expérience dans ce domaine, mais je suis pleine de bonne volonté et ne demande qu'à apprendre. J'aime les langues et le contact avec les gens. J'ai déjà 5 ans de français et je me débrouille assez bien à l'oral. J'ai déjà fait plusieurs séjours en France. D'autre part je parle et écris couramment l'anglais et j'ai des notions d'espagnol. Je suis libre du 26 juin au 17 août.
Je joins à cette lettre un curriculum vitae.
Dans l'attente de votre réponse, je vous prie d'agréer, Madame, Monsieur, l'expression de mes salutations distinguées.

Si vous avez déjà contacté l'entreprise:

Objet: Candidature

Madame, Monsieur,

Suite à l'entretien que j'ai eu avec Madame Dupont (Service Accueil), le 02 mai 1998, je me permets de poser ma candidature pour un poste de stagiaire dans le Service Relations Internationales de votre entreprise. J'aimerais, si possible, travailler pendant tout le mois d'août, mais il me serait également possible de prolonger jusqu'à la mi-septembre.

Dans l'attente d'une réponse de votre part, je vous prie d'agréer, Madame, Monsieur, l'expression de mes salutations distinguées.

(signature)

Pièces jointes:

C.V.
Convention de stage

5. Lettre à un Office de tourisme

Office du tourisme de Clermont-Ferrand

Madame, Monsieur,

Je désire passer quelques semaines à Clermont-Ferrand. Je voudrais donc me documenter sur votre ville et votre région, sur les entreprises qui s'y trouvent, les loisirs et les possibilités d'hébergement. Pourriez-vous m'envoyer une documentation?
Je vous remercie d'avance et vous prie de recevoir l'expression de mes meilleures salutations.

6. Demande de réservation

Hôtel de jeunes / Auberge de jeunesse

Madame,

Nous sommes un groupe de onze élèves, huit filles et trois garçons, et nous vous avons téléphoné hier pour réserver des chambres pour cinq nuits. Comme vous nous l'avez demandé, nous confirmons notre réservation par ce fax. Nous arrivons le vendredi 11 avril au soir et repartons le mercredi 16 au matin. Il nous faudrait des chambres de deux à trois lits.
Avec nos meilleures salutations

Écrire un C.V.

Curriculum Vitae

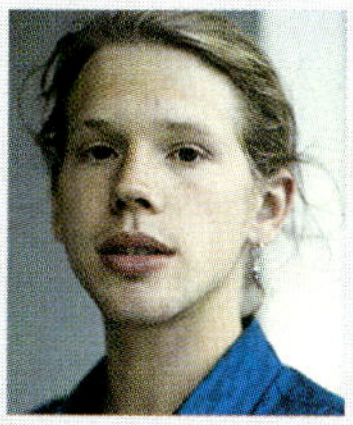

Nom: David Meurer
Date de naissance: le 20/6/1981
Adresse: Limburger Str. 53, D-65510 Idstein
Nationalité: allemande
Situation familiale: célibataire

Formation*
Depuis 1993: élève de la Pestalozzi-Schule à Idstein

Autres activités et expériences

Depuis 1996:	Percussionniste dans un groupe de rock, plusieurs concerts publics
Nov. 1996 / Févr. 1997:	Porteur de journaux
Depuis mai 1997:	Vendeur de programmes au théâtre de Niedernhausen

Loisirs
Musique, cinéma

Langues
allemand (langue maternelle), anglais (lu, parlé), français (lu, parlé)

* Plus tard, quand vous aurez des expériences professionnelles, votre C.V. aura la structure suivante: expériences professionnelles – formation – autres expériences – langues

Lire et comprendre un texte

Recommandations générales

Ne perdez pas patience quand vous ne comprenez pas chaque mot d'un texte. Il n'est pas toujours nécessaire de comprendre tous les détails d'un texte car il y a différentes façons de le lire et de le comprendre.
La lecture globale: Vous survolez un texte pour savoir de quoi il parle en gros, pour voir s'il contient des informations intéressantes ou pour vous faire une idée de son sujet. C'est la façon dont vous lirez peut-être le journal, pour savoir ce qui se passe dans le monde.
La lecture séléctive: Vous recherchez une information précise et vous regardez si le texte peut vous la donner. Vous ne lisez que le passage qui vous intéresse et vous laissez tomber le reste. C'est la façon dont vous lirez probablement un programme de télévision: vous voulez savoir si on passe un policier et vous cherchez systématiquement ce mot-clé. Le reste du programme, par exemple, les résumés des autres émissions ne vous intéresse pas et vous ne les lisez pas.
La lecture détaillée: Là chaque mot compte, car vous voulez tout comprendre. C'est ainsi que vous lirez peut-être un poème ou une recette de cuisine.

1. Avant de lire

- Avant de lire un texte, sachez dans quel but vous lisez: Voulez-vous tout comprendre, cherchez-vous seulement une information précise, voulez-vous avoir une impression générale du texte? Selon vos besoins, il sera nécessaire de faire attention à différentes choses.
- Avant de commencer à lire, essayez d'anticiper le contenu du texte. Pour cela essayez de vous poser les questions suivantes:
  - Connaissez-vous déjà le sujet du texte? Si oui, que savez-vous déjà sur ce sujet? Il y a de fortes chances que vous retrouviez des informations dans le texte que vous avez peut-être déjà. Cela vous permettra de vous concentrer sur ce qui est vraiment nouveau.
  - Lisez le titre. Souvent le titre donne déjà une première information sur le contenu ou le ton du texte.
  - Savez-vous à qui s'adresse le texte? Un texte sur la violence à l'école dans une revue de jeunes aura certainement une autre façon d'aborder le thème que dans un quotidien.
  - Regardez la mise en page: le texte est-il découpé en paragraphes (alors lisez le début de chaque paragraphe pour vous orienter), y a-t-il des intertitres? Ces intertitres permettent peut-être de se faire une première idées des thèmes abordés.
- Le texte est-il illustré par des dessins ou des photos? Regardez-les d'abord. Que représentent-ils?

2. Pendant la lecture

- Lecture globale: Trouvez le thème et la fonction du texte (→ Analyser un texte, p. 152). Soulignez les mots-clés. Retrouvez les charnières du texte (→ Écrire, p. 104), car elles permettent de comprendre les rapports logiques entre les parties du texte.
- Lecture sélective: Soulignez les passages qui vous intéressent. Notez les idées principales de ces passages à l'aide de mots-clés.

  Lecture détaillée: Si vous ne comprenez pas un mot, vous pouvez bien sûr consulter un dictionnaire (→ Utiliser un dictionnaire, p. 129). Mais il y a aussi d'autres possibilités.
  - Tout d'abord regardez le *contexte* (la situation ou la phrase dans laquelle le mot est utilisé). Souvent le contexte vous aide déjà à comprendre.
  - Cherchez dans votre langue maternelle ou une autre langue étrangère un mot qui lui ressemble (→ Apprendre à apprendre, p. 80). Ainsi le verbe «généraliser» ressemble à l'allemand «generalisieren», le mot «rivière» à l'anglais «river» etc.

  Mais attention aux faux amis (→ Apprendre à apprendre, p. 80).
  - Regardez la composition du mot: A-t-il un *préfixe* ou un *suffixe*? Quelle est sa racine? La connaissez-vous déjà ou connaissez-vous la signification du préfixe ou suffixe? Ainsi, les préfixes «a-» ou «in-/im-» ont souvent un sens négatif: («atypique» = qui n'est pas typique; «incompréhensible» = qu'on ne comprend pas).

    Le préfixe «trans-» signifie «à travers» (transsibérien = qui va à travers la Sibérie).

On peut former un mot à partir d'un autre à l'aide d'un suffixe. Ils servent par exemple, à former un nom à partir d'un verbe (arroser – l'arrosage; punir – la punition ...), un adjectif à partir d'un nom (la douleur – douloureux; le charme – charmant; l'ironie – ironique), un verbe à partir d'un adjectif (simple – simplifier), etc.

3. Après la lecture

- Notez les idées principales du texte (ou de chaque paragraphe) sur une feuille de papier. Visualisez éventuellement à l'aide d'un schéma ou de flèches la structure du texte.
- Vérifiez si vous avez obtenu les informations que vous cherchiez et formulez-les.
- Notez quelles informations vous n'avez pas obtenues. Formulez les questions que vous avez encore.

Application

- Lecture globale: «T'as eu combien?», p. 10, ex. A; «Notre manière de manger», p. 35, ex. A; «Une question de tempérament?», p. 16, ex. A; «Critiques», p. 115, ex. A;

- Lecture sélective: «Une chance sur 1000», p. 8, ex. A; «Le film que j'attendais», p. 121, ex. B; «L'examen», p. 148, ex. A;

- Lecture détaillée: «Une chance sur 1000», p. 8, ex. B; «Notre manière de manger», p. 35, ex. B; «Le roller, c'est top et cool», p. 41, ex. A/B; «Critiques», p. 115, ex. B;

- Anticiper le contenu d'un texte: «Ils ont choisi la campagne», p. 30, ex. A; «Dans grève, il y a rêve», p. 43, ex. A; «Pleurez, vous êtes filmé!», p. 61, ex. A; «Comme des vautours», p. 18, ex. B; «Au lendemain de la crise», p. 87, ex. A/B;

- Comprendre un mot inconnu: «Face à la crise», p. 84, Approches; «Face à la crise», p. 91, ex. D; «Anciennes colonies», p. 132, Approches;

- Suffixes et préfixes: «Vivre avec les autres», p. 46, ex. C; «La radio», p. 3, ex. C.

Petit dictionnaire des noms propres

Begag, Azouz (né en 1957). Jeune auteur beur de la deuxième génération. Il publie des livres pour la jeunesse «Le Temps des villages» (1993) et des romans «Béni ou le Paradis privé» (1986), «Les Chiens aussi» (1995). Azouz Begag écrit aussi des études sociologiques: «Écarts d'identité» (1990) et «Quartiers sensibles» (1994) où il traite les problèmes de la banlieue, du racisme ou encore de l'identité.

Béranger, Pierre-Jean de (1780–1857). Poète et chansonnier français. L'inspiration populaire, libérale et patriotique de ses œuvres le rend célèbre. Mais ses satires contre l'Église et ses pamphlets politiques le conduisent en prison en 1815 et en 1828.

Blanc, Jean-Noël (né en 1945). Écrivain français. Auteurs de romans et de nouvelles. «Hôtel intérieur nuit» (1996) obtient le Prix Renaissance de la Nouvelle.

Bruel, Patrick Patrick Benguigui (né en 1959 en Algérie). Chanteur et acteur français. Il devient célèbre en 1983 avec la chanson «Marre de cette nana-là». Son album «Alors, regarde» (1989) lui apporte la gloire. En France, il est l'idole des adolescentes des années 90: on parle même de «Bruelmania».

Charef, Medhi (né en 1952). Écrivain et réalisateur algérien de langue française. Dans les années 50, Medhi Charef rejoint son père qui travaille en France. Après une enfance passée dans les cités HLM, le travail à l'usine et un séjour en prison, il publie son premier roman «Le Thé au harem d'Archi Ahmed» (1983). C'est un succès. Il en fait un film qui reçoit le Prix Jean Vigo. Il réalise d'autres films «Miss Mona» (1986) et «Camomille» (1988).

Chirac, Jacques (né en 1932). Homme politique français. Premier ministre en 1974 et en 1986. Il devient président de la République française en 1995.

Condé, Maryse (née en 1937 en Guadeloupe). Femme écrivain française. Elle passe douze ans en Afrique où elle trouve l'inspiration pour son best-seller «Ségou» (1984). Depuis 1986, elle vit aux États-Unis. Elle enseigne la littérature à la «Columbia University» à New York. En 1987, elle obtient le Grand Prix littéraire de la Femme pour «Moi, Tituba sorcière» (1986). Elle parle de la Guadeloupe, entre autres, dans «La Vie scélérate» (1987) et «Désirada» (1997).

Desnos, Robert (1900–1945). Poète français. Il participe au mouvement surréaliste. Il s'intéresse au cinéma et à la radio. Résistant, il meurt dans un camp de concentration. Ses principaux recueils sont: «La Liberté ou l'amour» (1927), «Corps et biens» (1930) et «Fortunes» (1942).

Duras, Marguerite Marguerite Donnadieu (1914–1996). Femme écrivain et cinéaste française née en Indochine. Ses textes aux phrases courtes où rien ne semble se passer illustrent la solitude et l'attente de quelque chose qui ne vient pas. Elle devient célèbre avec «Hiroshima mon amour» (1959). En 1984, elle obtient le Prix Goncourt avec «L'Amant».

Ernaux, Annie (née en 1940). Femme écrivain française. Elle publie des romans, entre autres, «Les Armoires vides» (1974), «La Place» pour lequel elle obtient le Prix Renaudot en 1984 et «Journal du dehors» (1996). «La Honte» (1997) et «Je ne suis pas sortie de ma nuit» (1997) sont des récits autobiographiques.

Gheur, Bernard (né en 1945). Journaliste et écrivain belge. Il écrit des livres pour enfants tels que «Le Lieutenant souriant». Son premier roman «Le Testament d'un cancre» (1970) est préfacé par le cinéaste François Truffaut.

Goldman, Jean-Jacques (né en 1951). Chanteur et compositeur français. Il devient célèbre en 1984 avec l'album «Positif». Ses chansons parlent de l'amitié, de l'amour ou encore des problèmes de société: il écrit une chanson pour les Restos du cœur en 1985. Il compose des chansons, entre autres, pour Patricia Kaas et Céline Dion.

Guillevic, Eugène (né en 1907). Poète français. Par la poésie, il veut «tout rendre concret» et il fait appel à des éléments simples comme la mer ou le roc pour illustrer le thème de la création, l'angoisse de la mort. Ses œuvres principales sont: «Carnac» (1961), «Sphère» (1963), «Art poétique» (1990) et «Le Chant» (1990).

Kali Jean-Marc Monerville (né en 1959 à la Martinique). Chanteur français. Le banjo est l'instrument principal de ses compositions qui marient la musique traditionnelle à la musique moderne.

Koltès, Bernard-Marie (1948–1989). Auteur dramatique français. Les relations et les difficultés de communication entre les hommes est le thème principal de ses pièces: «Combat de nègre et de chien» (1979), «Dans la Solitude des champs de coton» (1987) et «Le Retour au désert» (1988).

Memmi, Albert (né en 1920). Écrivain tunisien d'expression française. Ses études sociologiques traitent les problèmes de la colonisation, du colonisé ou encore de l'antisémitisme. Ces problèmes se retrouvent dans ses romans comme «La Statue de sel» (1953), et «Le Scorpion ou la confession imaginaire» (1969).

Noël, Francine (née en 1945). Romancière et dramaturge québécoise. Elle est l'auteur de plusieurs romans et d'une pièce de théâtre. Elle publie entre autres «Maryse» (1983) qui raconte la vie d'une époque et d'une génération: celle de ses 20 ans et «Myriam première» (1987). Elle enseigne le théâtre à l'Université du Québec à Montréal.

Oyono, Ferdinand (né en 1929). Diplomate et romancier camerounais de langue française. Il fait des études de droit et d'économie à Paris. Ses premiers romans «Une Vie de boy» (1956) et «Le vieux Nègre et la médaille» (1956) sont anticolonialistes. Son œuvre offre une image parodique et ridicule du monde européen.

Pennac, Daniel (né en 1944 au Maroc). Écrivain français. Il passe son enfance en Afrique et en Asie du Sud-Est. Puis il s'installe en France et devient professeur de français. Il travaille et habite à Belleville, son quartier préféré à Paris. Il publie d'abord des livres pour enfants, entre autres, «L'Œil du loup» qui raconte l'histoire d'une amitié entre un enfant et un loup. En 1985 paraît «Au bonheur des ogres» où commencent les aventures de Benjamin Malaussène, le protagoniste de la «trilogie Malaussène».

Prévert, Jacques (1900–1977). Poète français. Dans ses poèmes, Prévert joue souvent avec les mots pour parler de la liberté, de la justice ou encore du bonheur. «Paroles» (1946), «Spectacle» (1951) et «Imaginaires» (1970) font partie de ses principaux recueils. Prévert écrit aussi des scénarios et des dialogues pour des films comme «Les Visiteurs du soir» (1942) ou «Les Enfants du paradis» (1945).

Reiser, Jean-Marc (1941–1983). Dessinateur et auteur de B.D. Il travaille pour plusieurs magazines comme «Le Nouvel Observateur» et journaux comme «Le Monde». Reiser est célèbre pour son humour féroce et ses dessins satiriques aux personnages d'apparence vulgaire qui servent à critiquer la stupidité quotidienne. À partir de 1966, il publie plusieurs albums, entre autres, «Vive les Femmes», «Gros Dégueulasse» et «Jeanine».

Reyes, Alina Femme écrivain française. Elle publie des romans comme «Le Boucher» (1988), «Le Chien qui voulait me manger» (1996) et «Poupée, anale nationale» (1998) qui provoque des critiques et discussions par sa violence.

Sallenave, Danielle (née en 1940). Femme écrivain française et professeur à L'Université de Paris X à l'Institut d'Art du Spectacle. Son roman «Les Portes de Gubbio» obtient le Prix Renaudot en 1980. Danielle Sallenave se consacre aussi à la photographie, au cinéma et au théâtre. Elle est également traductrice des auteurs italiens Luigi Pirandello, Pier Paolo Pasolini et Italo Calvino.

Tonton David David Grammont (né en 1967 à la Réunion). Chanteur de rap et de reggae français. Le titre «Peuple du monde» (1990) et son premier album «L'Album des racailles» (1991) le rendent célèbre.

Truffaut, François (1932–1984). Cinéaste français. Son œuvre est en grande partie autobiographique: «Les Quatre Cents Coups» (1959) ou «Baisers volés» (1968). Les films «Jules et Jim» (1962) et «Le dernier Métro» (1980) remportent un grand succès.

Vian, Boris (1920–1959). Ingénieur, musicien de jazz (il joue de la trompette) chanteur et écrivain français. Son premier roman «J'irai cracher sur vos tombes» (1946) est un scandale: Vian est considéré comme un mauvais auteur. Mais «L'Écume des jours» (1947) ou encore «L'Arrache-Cœur» (1953) laissent apparaître son talent. Ses œuvres sont à la fois divertissantes et inquiétantes: elles traitent des thèmes tels que la maladie ou la mort.

Abkürzungen

etc.:	*et cetera*
etw.:	*etwas*
f.:	*féminin*
fam.:	*familier*
fig.:	*figuré*
ind.:	*indicatif*
inf.:	*infinitif*
interj.:	*interjection*
jdm:	*jemandem*
jdn:	*jemanden*
litt.:	*littéraire*
m.:	*masculin*
onomat.:	*onomatopée*
p.:	*page*
p. ex.:	*par exemple*
pl.:	*pluriel*
qc:	*quelque chose*
qn:	*quelqu'un*
sing.:	*singulier*
subj.:	*subjonctif*
vulg.:	*vulgaire*

Bildquellen

© AKG, Berlin, S. 117 (oben rechts, unten links, unten rechts), S. 134 – © Arthus-Bertrand, S. 49 – © Artothek, S. 20 – © Batellier, S. 38 – Bavaria: © Ball, S. 107 (unten links); © Benelux Press, S. 87; © Masterfile Cooperation, S. 147 (oben rechts); © Messerschmidt, S. 147 (Mitte); © Photobank, S. 146 (oben rechts) – © Boissins, S. 89 – Bühnen der Stadt Bielefeld: © Stockmeier, S. 23 – © Cabu, S. 12 (oben) – Le Canard enchaîné: © Pancho, S. 70 – Centre G. Pompidou: © Meguerditchian, S. 107 (Mitte) – Cornelsen: © Amann, S. 7 (2. von oben links), S. 157 (oben links); © Kämpf, S. 8, S. 16, S. 100 (rechts); © Kleber, S. 7 (3. von oben links), S. 12 (unten rechts), S. 65 (oben), S. 167; © Krauke, S. 157 (Mitte links); © Mouginot, S. 12 (unten links), S. 13, S. 157 (Mitte Mitte) – dpa: © dpa, S. 43 (links), S. 45, S. 61 (links); © Haid, S. 158 (unten); © Lenz, S. 7 (2. von unten links); © Ossinger, S. 158 (Mitte); © Schmit, S. 158 (oben) – Editing: © Atger, S. 98 – © Engelmeier, S. 60 (rechts), S. 107 (oben links), S. 123, S. 133 – Explorer: © Dosch, S. 95 (unten rechts) – L'Express: © Sial, S. 34 – Focus: © Katz Eyes Pictures, S. 107 (unten rechts); © Kashi, S. 67; Magnum/©Kalvar, S. 92 (2. von oben rechts, 2. von unten rechts), S. 95 (2. von oben rechts); Magnum/ © Peress, S. 147 (oben links); Magnum/© Salgado, S. 137 (Mitte links); Matrix/© Brimberg, S. 147 (unten); Rapho/© Armani, S. 43 (rechts); Rapho/© Sappa, S. 137 (Mitte rechts); © Yamashita, S. 85 (oben) – France 2: © Scarella, S. 61 (rechts) – Futuroscope: © Vimenet, S. 119 (Mitte links, Mitte rechts, unten), S. 120 – Gamma: © Turpin, S. 73 – Giraudon: © Bridgeman (British Library), S. 143 – The Image Bank: © Redding, U1 – Jerrican: © Aurel, S. 107 (oben rechts), S. 111; © Chauvet, S. 7 (oben); © Daudier, S. 29 (Mitte rechts), S. 63; © Dianne, S. 100 (links); © Dubuc, S. 29 (Mitte Mitte), S. 92 (oben rechts); © Dufeu, S. 92 (oben links, unten links); © Errath, S. 33 (unten), S. 84; © Favre, S. 31; © Harris, S. 29 (unten links); © Labat, S. 65 (unten); © Lespinasse, S. 29 (oben links); © Mura, S. 85 (Mitte); © Nicolas, S. 90 (rechts); © Sims, S. 7 (unten rechts); © Sittler, S. 33 (oben); © Weiss, S. 119 (oben); © Wolff, S. 7 (unten links), S. 29 (oben Mitte), S. 100 (Mitte) – © Koopmann, S. 92 (2. von oben links, 2. von unten links, unten rechts), S. 95 (2. von oben links) – Marianne: © Assouline, S. 41, S. 42 – Marco Polo: © Bouillot, S. 7 (2. von oben rechts, 3. von oben rechts, 2. von unten rechts), S. 10, S. 29 (oben rechts, Mitte links, unten Mitte, unten rechts), S. 78 – Mauritius: © Coll, S. 145; © de Foy, S. 137 (oben); © GFP, S. 146 (unten); © Photothèque SDP, S. 157 (Mitte rechts); © Torino, S. 137 (unten) – © Mouginot, S. 96, S. 97 – Le Nouvel Observateur: © Wiaz, S. 82 – © Petter, S. 95 (unten links), S. 146 (oben links, oben Mitte) – © Rheinisches Bildarchiv, Köln (Museum Ludwig, Köln), S. 117 (oben links) – © Ségolène, S. 90 (links) – Sipa Press: © Benaroch, S. 112 – © Stiftung Deutsche Kinemathek, S. 121, S. 122 – Sygma: © Andanson, S. 44 – © TRA, S. 99 – Transglobe: © Zone 5, S. 50 – Ullstein Bilderdienst: © Ullstein, S. 138, S. 140 (links); © Ullstein-AP, S. 140 (rechts) – Philippe Vaillant organisation: © Verhnet, S. 60 (links) – © VG Bild-Kunst, Bonn 1997, S. 20 – Roger Viollet: © LL-Viollet, S. 95 (oben).

Nicht alle Copyrightinhaber konnten ermittelt werden; deren Urheberrechte werden hiermit vorsorglich und ausdrücklich anerkannt.